煌めく企業

オンリーワン・ナンバーワン

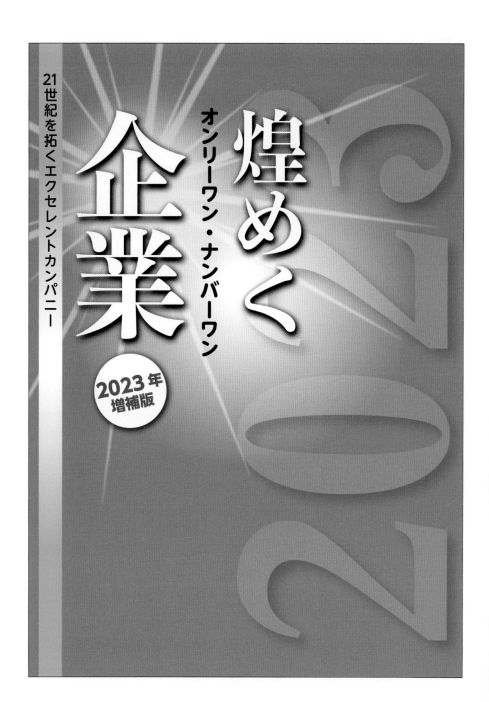

21世紀を拓くエクセレントカンパニー

2023年
増補版

浪速社

「煌めくオンリーワン・ナンバーワン企業　２０２３年増補版」
21世紀を拓くエクセレントカンパニー

はじめに

世界中で猛威を奮った新型コロナウイルスの流行から、早いもので4年目となり「ウィズコロナ」から「脱コロナ」へと変わりつつあります。感染対策として義務付けられてきたマスクの着用も、屋内屋外を問わず個人の判断に委ねられるようになりました。さらに、感染症法上の分類も5類に引き下げられ、コロナ以前の生活を取り戻し始めました。

一方で依然として、日本の経済が危ぶまれる数々の問題があります。エネルギーや原材料価格の高騰、人手不足の深刻化など、企業経営を取り巻く環境は厳しいものとなっています。さらに、加速する高齢化、進み続ける世界的なインフレ、不安定な世界情勢による資源不足等、喫緊の課題が山積みです。

我々国民一人ひとりが「今後の日本、そして未来の子どもたちを守るために」その気持ちを根幹に持ち、問題に取り組む必要があるでしょう。そして、企業は時代の変化に合わせて経営や働き方等を見直し、柔軟に対応しながら、新しい価値を創造していかなければいけません。

今回、シリーズ第8弾となります「煌めくオンリーワン・ナンバーワン企業　2023年増補版　21世紀を拓くエクセレントカンパニー」が発刊の運びとなりました。本書に収録された皆様は、日本経済を支えるため企業の発展や成長に尽力されています。先代が築き上げてきた伝統を受け継ぎながら、時代のニーズに応え続けている企業、新たな市場価値を発見し、急成長し続けている企業のありのままの姿を活き活きと描いています。

どの企業にも共通していることは、組織を牽引する経営者の手腕の元、他社にはない独自の製品・サービスを生み出していることです。どの時代においても輝く企業の経営者には、忍耐強さと逆行に立ち向かう力強い意志があります。明るい未来を信じて、本書がオンリーワン・ナンバーワンを目指す経営者、そして未来を夢見る次世代の経営者の何らかのご参考になれば甚だ幸いです。

最後になりましたが、本書の制作にあたって多忙な中、私たちの取材にご協力いただきました皆様、出版に当たってご協力頂いた関係者、スタッフの皆様に深甚の御礼を申し上げます。

令和五年七月

ぎょうけい新聞社

目次

（掲載は取材順）

Contents

Contents

煌めく　オンリーワン・ナンバーワン企業　２０２３年増補版

21世紀を拓くエクセレントカンパニー

CRMを通して世界の中の日本の価値向上と笑顔広がる世界の実現

国内外から注目されるCRMのスペシャリスト

アーカス・ジャパン株式会社

代表取締役　松原　晋啓

おもてなし精神を
もつ日本人は
CRMを最も上手く
扱えるはずです

Excellent Company
Only One & Number One Enterprise

顧客関係管理を意味するＣＲＭは、横のつながりを軸とした経営戦略だ。ＣＲＭの原則は、企業内に散らばった顧客の情報を一元管理し、企業内での立場や役職に関わらず、いつでも簡単に共有できるようにすることにある。これにより、顧客が求める商品やサービスを企業全体で把握でき、顧客満足度を上げて企業の収益アップを図るのだ。

「ＣＲＭでは顧客一人ひとりを深く理解していきます。顧客を理解し、求めるものを提供する。日本人の得意とするおもてなしの精神なのです」

そう語るのは、アーカス・ジャパン株式会社の代表取締役を務める松原晋啓氏である。

同社は、ＡＩを搭載したＣＲＭシステム、ＥＭＯＲＯＣＯを開発。システムの導入、コンサルティング、運用、保守をワンストップで手掛けている、日本はおろか海外にも類のないＣＲＭ専門の企業だ。

「ＣＲＭはあらゆる業種に必要となる経営戦略です。これからの時代、ＣＲＭの仕組みができていない企業は、他の企業との競争に負けて廃れていくでしょう。また、日本の課題である地方経済の活性化にも、ＣＲＭは大いに貢献できるはずです」

ＣＲＭの可能性について力強く語る松原代表にお話を伺った。

着の身着のまま、日雇い労働で食いつないでいたホームレス時代
ＩＴ企業の内定を勝ち取り、３年で一流のプログラマーへ

松原代表がＩＴ業界に就職するまで、一時期はホームレス生活を送っていたという。

AIを搭載したCRMシステム「EMOROCO」を開発した、世界でも類のないCRM専門の企業

「高校を卒業し、大学に進学して半年もせずに父を亡くしました。両親は私が高校1年生の時に離婚しており、母とは連絡が取れない状態。兄弟もいなかったので、私は18歳にしてほとんど天涯孤独になりました。また、父には借金が残っており、到底払えず相続放棄をしました。その結果、父の遺産も住んでいた家も取り上げられ、私はホームレスになったのです」

松原代表が自宅から持って出た荷物は、リュックに入れた服のみ。大学は退学を余儀なくされ、カプセルホテルや友人の家を転々としながら、日雇い労働で食いつないでいた。松原代表の日給は4200円ほど。当時の日給の最低賃金とそう変わらない。また、交通費は支給されないため、どれだけ切り詰めても、宿代と食事代でその日のうちにほとんど使い果たしてしまう。

しかし、松原代表はこの生活を長く続けるつもりはなかった。現状を打破するため、住み込みのアルバイトを始めたのだ。

「世の中不思議なもので、家を借りるには家と、さらには保証人までも必要です。そして、住所がないと履歴書も書けないので就職もできません」

家を借りるうえで大きなハードルだった住所を確保。そして、アルバイトで初期費用を貯め、ついに自分の部屋を借り、松原代表はようやく就職活動を始めることができたのだ。

狙っていたのはＩＴ業界だ。

「当時はＩＴという言葉も無い、業界の黎明期。企業側も人材選びに困っていましたが、中には一週間無料でＩＴ系の勉強をさせ、素養を見て採用する方式の企業がありました。そこでプログラミングの基礎を学んだのです」

この時につけた知識と持ち前のコミュニケーション能力を活かし、松原代表は見事ＩＴ企業の内定を勝ち取ったのだ。こうして、19歳でプログラマーになった松原代表。入社後も猛勉強と並々ならぬ努力を重ね、1年後には会社のエースにまで成長する。さらには、社外の大型プロジェクトに参加した時の評判が海外まで広がり、ＣＲＭを考案した世界最大のコンサルティンググループ、アクセンチュアに21歳にして異例のヘッドハントをされる。

ホームレスだった松原代表は、３年で名実ともに一流のプログラマーに登り詰めたのだ。

Ｄｙｎａｍｉｃｓ ＣＲＭを主力製品に押し上げるなど、国内外で大活躍
ＣＲＭ専門の企業アーカス・ジャパン株式会社の創業に至るまで

松原代表がＣＲＭに携わるようになったのは、アクセンチュアを退社し、アメリカのソフトウェア会社の日本法人の立ち上げに参加していた頃だという。

この日本法人の代表者は、日本のこともビジネスもよく知らないアメリカ人の通訳。実質的な経営の責任者は松原代表だったため、社内システムに日本で初めてマイクロソフトのＤｙｎａｍｉｃｓ ＣＲＭの導入を行った。この実績により、マイクロソフトからＭｉｃｒｏｓｏｆｔ ＭＶＰとい

CRMの導入、運用、管理、保守までをすべて自社で行っている

う世界的な称号を与えられる。

松原代表は、自分がいなくとも日本法人が機能する体制ができると、今度は日本マイクロソフトに転職を決める。配属されたのはＣＲＭ部門だ。

「ＣＲＭの導入経験とＭｉｃｒｏｓｏｆｔ ＭＶＰを持っていることからＣＲＭ担当になりました。マイクロソフトでは他にやりたいことがあったので、最初はとても不本意でした」

当時のマイクロソフトのＤｙｎａｍｉｃｓ ＣＲＭは業界内で最後発。他の企業の後塵を拝していた。この現状を打破するために松原代表が最初に行ったのはＣＲＭの再定義だ。

「当時のＣＲＭは企業の収益を上げるための戦略としか捉えられていませんでした。しかし、ＣＲＭの本質は顧客の理解にあるのです。また、当時はＩＴ企業側とコンサルタント側が考えるＣＲＭに相違があり、それも統一するべきでした」

その考えを基に松原代表が提唱したのがプラットフォーム型ＣＲＭだ。これにより、松原代表は新たな市場を開拓することに成功し、Ｄｙｎａｍｉｃｓ ＣＲＭはマイクロソフトの主力製品にまで成長する。マイクロソフトでも遺憾なく活躍した松原代表は、退職して独自のＣＲＭチームを結成する。日本の企業にＤｙｎａｍｉｃｓ ＣＲＭが広まらないことに危機感を覚えたからだ。他の企業の協力を得ながらワンストップでＣＲＭシステムの導入、運用、保守、管理をしていたが、２０１５年にアーティサン株式会社の呼びかけにより、松原代表のＣＲＭチームは合流。独立採算のCRM事業部を担うようになる。そして、2020年にアーティサンからCRM事業部が独立。CRM専門の企業、アーカス・ジャパンが誕生した。

AIを搭載した唯一のCRMシステム、EMOROCO
CRM専門の企業だからこそできる、どこよりも高品質で低コストのCRMシステム

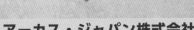

アーカス・ジャパン株式会社が開発したEMOROCOは、人工知能を搭載したCRMシステムだ。AIと連携しているCRMシステムは多数存在するが、CRMの頭脳としてAIが搭載されているのは、世界でもこのEMOROCO以外にない。人工知能で顧客一人ひとりの心理を分析し、しっかりと理解したうえで製品やサービスを提案でき、パーソナライズドCRMとも呼ばれている。

EMOROCOには、EMOROCO DWH、EMOROCO CRM、EMOROCO AIの3つのラインナップがある。松原代表によると、AI非搭載のDWHとCRMの2つは、EMOROCO AIを導入するうえで不可欠だという。

「CRMの大原則は1顧客1IDで、これは企業内で一人の顧客の情報が複数カ所にあってはならないということです。例えば、営業部門が把握している情報を、コールセンターで把握していなければ、CRMができていません。また、弊社のCRMの仕組みは顧客情報と活動データの2つというシンプルなものです。店舗やEC、メール、SNSなど、顧客と企業がコンタクトする場をチャネルと呼びますが、そのチャネルから得られる情報や、購入履歴、問い合わせ内容などが活動デー

タです。これらの膨大なデータを統合管理する必要があります。顧客情報の一元管理と、活動データを全て持っておくこと。この2つを達成できた時に初めてAIに学習させることができ、顧客への新たなアプローチを生み出すことができます。EMOROCO CRMとDWHは、EMOROCO AIを導入するための下地をつくるものなのです」

その他にも、市場データや顧客ニーズなどの一般的な情報も合わせて分析するため、より精度の高い顧客分析が可能だ。さらに、EMOROCOは導入する企業や組織の業種・業態に合わせてカスタマイズすることを前提としているため、規模に関係なく全ての企業や組織に導入できる。

また、アーカス・ジャパン株式会社はCRMの導入、運用、管理、保守まですべて自社で行っている。CRMの導入のみを行っている企業は多数存在するが、導入以降もケアを続けるのは世界でもアーカス・ジャパンのみだ。

「アーカス・ジャパンはCRM専門の企業です。スタッフもスペシャリスト揃いです。だからこそ、他の企業の半分のコストで、どこよりも良いものを提供することができる。それが弊社の一番の強みです」

努力した人間が報われないことはあってはいけない 社員たちには、目を輝かせて楽しみながら仕事をしてもらいたい

松原代表には、アーカス・ジャパンの社員たちに繰り返し伝えているモットーがあるそうだ。

「努力した人間が報われないのはあり得ないと私は考えています。努力した人間は救われなければ

いけません。本当は社会全体がそうあるべきですが、なかなかそうもいかないので、この会社だけでもそうありたいと思っています。また、仕事は苦しいものです。苦しいからこそ対価がもらえます。でも、どうせ仕事をやらなければいけないのなら、何か楽しみを見つけながらやっていこうと伝えています。それはお客様の笑顔でもいい。自分の成長でもいい。楽しみを見つけて、目標に向かってひた走る努力をする仕組みを自分の中に作り上げていく。そうすれば会社は必ずそれに応えるつもりです。みんなに目を輝かせて楽しんで仕事をしてもらいたのです」

また、松原代表は楽しんで仕事に取り組んでいる方が、仕事の能率も上がるほか、社員一人ひとりの成長度合いも全く違うと語る。アーカス・ジャパンの創業に至るまで、規模を問わず数々の企業で働いてきた松原代表だからこそ、たどり着いた仕事観だ。

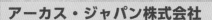

CRMで地方経済活性化の課題に取り組む日本人が最もうまく使えるであろうCRMを、広く普及させたい

「CRMは顧客の求めるものを考え、提供していく、おもてなしの精神です。だからこそ日本という国がCRMを最も上手に扱えるはずです。しかし、CRMを理解している日本人の数は本当に少ないのです」

CRMの第一人者として国内外からも注目される松原代表だが、日本になかなか浸透していない現状を危惧しているという。CRMのメリットを熟知しているからこそ、その危機感はなおさらだ。

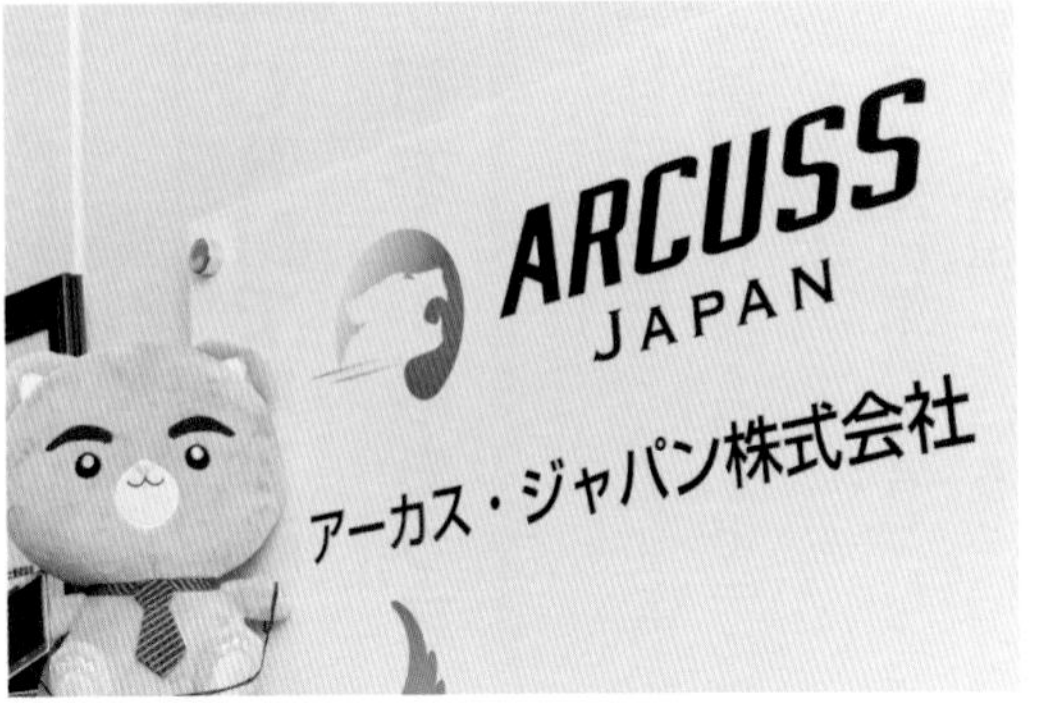

株式会社アーカス・ジャパンの
公式キャラクター「ダイナ・シラムー」

「ＣＲＭはどんな業界にも使える経営戦略です。学校や病院、政治にも導入できます。その他にも日本が抱える地方経済の活性化という課題にも大きく貢献できるはずです」

松原代表が地方経済の活性化に役立つと考えているのは、アーカス・ジャパンが２０２２年にリリースしたＥＭサイトプラットフォーム、Ａｒｃｕｒｙだ。ＡｒｃｕｒｙはＥＭＯＲＯＣＯを組み込んでいるため、顧客のニーズを的確に汲み取ることができる。また、従来の顧客が訪れるのを待つのみであったＥＣとは違い、顧客にアピールしに行って売り上げにつなげていくのが特徴で、その様子からｅ－Ｍｅｒｃｈａｎｔ（電子行商人）と呼ばれている。

「Ａｒｃｕｒｙを使えば、地方のあまり知られていない名産品や観光地を自動でアピールしてくれます」

また、導入にかかる初期費用や月額使用料などは一切かからず、商品が売れた際の手数料のみで、導入もしやすい。地方でも都市部と同じレベルのテクノロジーを使用し、戦略的にアピールすることで地方経済の活性化につながるのだ。

ＣＲＭの可能性を信じ、日本での普及に日々取り組んでいる松原代表に今後の展望を伺った。

「今の時代は企業同士が横に連結し、コンテンツ同士をつなげて新たな価値を生み出していくことが必要と私は考えています。『つなげる』というのはＣＲＭが最も得意とすることです。ＣＲＭを今後も日本に広めて、日本を目覚めさせるのが今後の目標です」

松原代表の挑戦は続く。

President Profile

松原　晋啓（まつばら・のぶあき）

兵庫県出身。
平成13年、グリーンシステム株式会社に入社。
平成15年、アクセンチュア株式会社に入社。
平成18年、インフラジスティックス・ジャパン株式会社立ち上げ。
平成19年、日本マイクロソフト株式会社に入社。
平成24年、アーンスト・アンド・ヤング・アドバイザリー株式会社に入社。
平成26年、エイチ・シー・エル・ジャパン株式会社に入社。
平成27年、アーティサン株式会社 CRM 事業部部長。
令和2年、アーカス・ジャパン株式会社代表取締役社長。

Corporate Information

アーカス・ジャパン株式会社

所在地

〒532-0011　大阪市淀川区西中島5-9-6　新大阪サンアールビル本館3F
TEL 06-6195-7501　FAX 06-6195-7502

設立

令和2年7月（創業　平成24年10月）

資本金	従業員数
1,980万円	35名

事業内容

自社プロダクトやサービスの提供（企画～開発～運用）
CRM のコンサルティング支援
CRM システムの要件定義 / 設計 / 構築 / 開発支援
法人向けマイクロソフト製品に関連する各種支援（ビジネスコンサルティング /SI 提案支援 / 構築支援 / 開発コンサルティング / 開発支援 / 運用 / マニュアル作成 / トレーニング他）
産業向けドローンスクール
エッジコンピューティング搭載型ドローン開発・販売

経営理念

CRM を通して世界の中の日本の価値向上と笑顔広がる世界の実現

https://www.arcuss-japan.com/

Z世代の住宅インフルエンサーとして情報を発信

次代を支える若い人たちへ想いを伝える大役を担う

株式会社 WELLNEST HOME

社長室兼広報　**芝山　セイラ**

常に行動して
自ら体感し、
言葉に想いを込めて
発信して
いきたいです

Excellent Company
Only One & Number One Enterprise

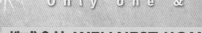

株式会社 WELLNEST HOME

ＷＥＬＬＮＥＳＴ ＨＯＭＥは、開発者で創業者の早田宏徳（そうだひろのり）氏が仲間と共に２０１２年に立ち上げた〝健康 快適な住空間で世界トップブランドを目指す〟住宅会社だ。数多くあるその特長の一部を紹介する。

・親から子、そして孫へ受け継げる長持ちする家
・エアコン１台で家中どこでも快適な家
・真冬でも半袖、短パン、素足で過ごせる家
・地球環境に優しい省エネ＆エコな家
・外からの騒音、内からの音漏れの心配のない家

このように高気密・高断熱・省エネに優れた超高性能住宅は、住む人の幸せはもちろん地球環境にも配慮したＳＤＧｓな家である。「未来の子どもたちのために…やがてこの子を守る家」を基本コンセプトにしており、創業から未来を見据えた姿勢は今もなお変わらない。

「家づくりは巣づくり」という考えのもと、社名を改称
「長持ちと省エネ」だけでなく「快適と健康」にもこだわった

２０１７年、社長交代を機に創業時の社名「低燃費住宅」を現在の「ＷＥＬＬＮＥＳＴ ＨＯＭＥ」に改称。「長持ちと省エネ」に加えて「快適と健康」にもこだわり、女性目線での「家づくりは巣づくり」という考え方も取り入れた。この「ＷＥＬＬＮＥＳＴ ＨＯＭＥ」という社名は、「ＷＥＬＬ」（良い）と「ＮＥＳＴ」（巣）と、「ＷＥＬＬＮＥＳＳ」（健康）を組み合わせている。

業績は右肩上がりで成長し続けているが、長期的な観点から将来を担う立場にある若い人たち——Z世代の育成にも力を入れ始めている。もっと多くの人たち、特に次代を担う若者であるZ世代に「WELLNEST HOMEの理念や住宅の在り方、それらがもたらす未来の暮らしを知ってもらいたい」という目的で、代表取締役社長の芝山さゆり氏の次女・セイラ氏が2023年から、その担い手として同社の広報担当に就任した。自身もZ世代である芝山セイラ氏。同社の想いを若い世代へ伝えるべく、積極的に動き始めている。

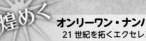

母親譲りの外向的な気質で積極的にチャレンジ 会社の地球環境を保持する長期的なビジョンに共鳴

芝山セイラ氏は広報の経験はこれまでなかったが、母である芝山社長の積極性をしっかりと受け継いでいる。自身を「マグロみたいに動いていないと落ち着かない性分」と言い、芝山社長のセミナーでは司会を務め、全国のモデルハウスでは料理イベントを行うなど、人前に立つことを厭わない素養は持ち合わせていた。その意味で、WELLNEST HOMEの魅力を多くの人たちに伝えていく広報には打ってつけの人材と言えるだろう。

幼いころから環境保全に関心があり、マイ箸や買い物バッグなど個人でできる事を実践していた少女時代だったセイラ氏。人の役に立てること、そして文化の異なる多くの外国の方と関われることに魅力を感じ、キャビンアテンダントを目指して学業に励んでいたが、就職活動の時期がコロナ禍と重なり、

株式会社 WELLNEST HOME

採用の道が閉ざされてしまった。浪人という選択肢もあったが、ここで持ち前の積極性が発揮される。起業していた両親を倣って、2022年4月、香川・高松でカフェを運営し始めた。フードロス問題など、幼少期から関心のあった環境配慮につながる要素の多い飲食業。カフェの業務にもやりがいを感じた。

こうして実業を通じて環境に対する関心がより高まっていった折、会社から声がかかった。

エアコン

1台

気密性・断熱性が高いため、外気温に左右されることなく、エアコン1台で1年中快適な室温で暮らすことができる上、光熱費を抑えることができます。※1

CO_2排出量

CO_2

1/3

ウェルネストホームで1年間に排出するCO2の量は、一般家庭のそれに対し、3分の1に抑えられています。(2013年基準)

UA値

0.25W/m^2K ※2

住宅の断熱性能を表すUA値は、数値が低いほど断熱性に優れています。ウェルネストホームのUA値は、国が推奨する断熱基準の約3倍以上の断熱性能です。

調湿

13L

室内壁は、紙クロスの上に漆喰塗装が標準仕様です。漆喰は、ビニールクロスとは異なり高い吸放湿性を持つため、家1軒で約13Lもの水分を調湿します。

超高気密

平均C値 0.2cm^2/m^2

家の隙間面積を示すC値は気密性能の基準です。ウェルネストホームのC値0.2cm^2/m^2は、日本のハウスメーカーでトップクラスの数値※3です。

ダブル断熱

205mm

ウェルネストホームの壁はダブル断熱(充填断熱＋外張り断熱)を採用し、断熱材だけで合計で205mmの厚み(一般的な住宅の2倍以上)です。

トリプルガラス＋樹脂サッシ

U値 0.78W/m^2K

ウェルネストホームの窓は世界トップクラスの断熱性能を誇り、そのU値は0.78W/㎡Kと、国内で最も普及している窓の平均U値4.65W/㎡Kの約6倍の性能です。

超高耐久

100年

構造材は、緑の柱(ACQ処理木材)を標準採用。シロアリや腐れに非常に強い木材で、理論上では100年以上の耐久性はあるといわれています。※4

※1 間取りやプランにより異なる場合があります　※2 お客様のご要望やプランによっては0.28W/m^2K程度になる場合があります　※3 当社調べ(2022年7月)　※4 出典：株式会社コシイプレザービング

ウェルネストホームのこだわりの性能

セイラ氏を広報担当に抜擢したのは、SDGsの達成目標である2030年までに、会社としてY世代からZ世代へのバトンタッチをスムーズに行う必要性を感じていたから。SDGsの達成は2030年で終わりではなく、ずっと持続させていかなければならないこと。点で終わらせてしまっては、きっとどこかで同じような課題が生じてしまいかねない。芝山社長、創業者・早田氏の想いに共感するセイラ氏は、次代を担うZ世代へその想いを発信する伝道師として強い責任を感じている。

仕事で家を空けがちだった母親。「寂しい思いもした思春期だった」と言うが、現在はその仕事の重要さが理解できるようになった。「(仕事に)母親を取られてしまったように感じたこともありましたが、母のやっていることは『今ではなく未来を創ること』だと知ってからは、それが私のエネルギーになりました。母に追いつけ追い越せの気持ちで、たくさんの方に会社のことや取組みを広める広報という仕事に精一杯携わっていこうと決心しました」

創業前から構想を持っていた創業者の想い
日本の古き良き伝統・文化とドイツの技術の融合

ところで、創業者の早田氏はいつから「日本にはなかった性能にこだわった家づくり」に取り組んでいたのだろう。左官屋を営む父親の下、職人たちのいる環境で育った早田氏が、幼少期に聞いたある棟梁の言葉が原点になっている。

「俺の家は100年経っても壊れない」子ども心に衝撃を受けた言葉だった。長じて住宅業界で仕事をするようになっても、その棟梁の言葉はずっと心に刻まれていた。1997年に京都議定書が採択されたときには、気候変動問題と住宅の省エネ化は大きく関係してくると予見し、早速性能にこだわった家づくりに取り掛かった。そして2007年、より高みを目指すためにドイツ・フライブルクのヴォーバン住宅地を視察した事が彼のその後のキャリアを一変させることになる。当時、日本で最高性能とされていた家がドイツでは建築基準以下だったのだ。さらに、住宅が住む人だけではなく、環境や動植物のことも配慮された上に成り立っており、街区全体が共生していることに驚きを隠せなかった。大きなカルチャーショックを受けた早田氏は、日本へ戻る飛行機の中で人生最大の挫折を味わうと同時に強い決意を心に決めたという。

住宅の在り方の概念を変えるべく、EUでは義務化されている建物の燃費指標を表す「エネルギーパス」を輸入し、日本へ広める普及活動を開始した早田氏。多いときで年間200回を超える講演を全国各地で行った。エネルギーパスについてセイラ氏は「不動産屋へ行くと、日本では、間取りと家賃、あ

株式会社 WELLNEST HOME

とは駅から徒歩何分というのが表示されていて、その3つが家選び、部屋選びの主な選択肢となっていると思います。一方ドイツでは、この家はどの程度のエネルギー消費があるというエネルギーパスや、騒音を表すデシベルが表示されていて、それらが選択肢となっています。日本では〝住む前〟の情報が重要視されていて、ドイツでは〝住んだ後〟の情報が基準となっています。日本とドイツとでは価値観が真逆なことに私も驚きました。だからこそ広く発信していかなくてはいけないとも感じました」

一方で、日本にも世界に誇る伝統や文化がある。早田氏は、蔵のように年中変化することのない室内環境を木造建築で実現したいと考えた。まさに日本の伝統・文化とドイツの技術の融合である。また、式年遷宮という職人の技術を継承する文化に見習い、職人を育て、その地位を高め、次世代の職人へつないでいくための仕組みをつくる必要性もあると考えた。

性能にこだわり長く愛される家を目指し続けている

そんな矢先に東日本大震災が起こり、多くの家が倒壊してしまった。倒壊してしまうその理由の多くは木の腐食にあるという。

「冬場、よく窓ガラスに結露が起こりますよね?目で見える窓が濡れていたら、見えない壁の中も同様に木が濡れてしまっているということになります。木は水分で腐食を起こすので、結露は大敵です。さらにはカビが生え、それを餌とするダニも発生するといった悪循環が起こります。木が腐れば地震の揺れに耐えられずに倒壊してしまいます」と説明するセイラ氏。WELLNEST HOMEでは、躯体そのもので湿度をコントロールし、結露を起こさないような仕組みで建てられている。

住宅の機能性を体感する〝試住〟というアプローチ
戸建てから集合住宅、そしていよいよまちづくりへ

同社の高められた性能は、
極寒の北海道ニセコ町でも通用する

同社では家の性能の良さをより理解し体感してもらうために、〝試住〟を重視している。試住とは、服を買う際には試着、車を買う際には試乗があると同様、一生で一番大きな買い物である家を買う際には、試しに住んで納得することが大切だという発想からできたサービスだ。「当社のモデルハウスでは、試住体験ができます。性能は、どんなに聞いたり読んだりしても、一度の試住には敵いません。まさに〝百聞一泊に如かず〟です」

WELLNEST HOMEは、創業以来ほぼ毎年仕様の異なるモデルハウスを全国各地に建てていった。それは、机上の計算ではなく、壁の中の温度や湿度などを数年に渡り実際にデータ取りし、それをもとに性能の更なる向上を図っていくためだ。そうして高められた性能は、極寒の北海道ニセコ町でも通用することが実証された。ニセコのまちづくりに先駆けて建てられた集合住宅（2階建て8戸）は、冬場は雪

で1階の窓が覆われるほどの状況にも関わらず、共用部である廊下に設置した家庭用エアコンのみ（各階2台）で8戸すべてを19～22℃にキープすることに成功した。

この性能を生かし、9haの土地に450人ほどが暮らせるまちづくりを進め、街区全体でのCO_2排出量の削減に挑戦する。戸建てから始まり、集合住宅を経て、そしてまちづくりへと事業を発展させてきたWELLNEST HOME。創業時に想い描いたヴォーバン住宅地のような街区を日本各地につくっていきたいという夢の実現が見えてきている。「私は、子どもながらに10年以上ずっと早田代表や母の姿を見てきました。もちろん順風満帆ではありませんでしたし、辛そうな表情をしていることも、時には涙している姿も見たことがあります。でも、常に前を向く二人から弱音を聞いたことはありませんでした。夢を持ち、それを叶えるために挑戦し続ける姿は、私のモチベーションにもなりました。これから広報として発信し続けて結果を出していくことが二人への恩返しになると信じています」

Z世代の活躍こそがSDGsの達成へ近づく 行動して自ら体感したことしか伝えられない

現在、同社は順調に業容を拡大している。創業から引き渡した住宅はグループ全体で約1000棟まで拡大した。売上も2022年度には60億円規模になる。2022年に創業10周年を迎えた同社は、次の10周年へ向けてすでに歩みを進めている。その重要な取り組みのひとつが、冒頭で紹介した次世代への若い層、Z世代への発信強化だ。早田氏や芝山社長が紡いできた同社の系譜を若い世代へ伝えていくという、セイラ氏の新たな挑戦が始まっている。

「Z世代として、社長である母とはまた違う面から何か貢献できるのではないかと考えています。Z世代特有の情報収集力や新しい価値観を活かして、未来をつくる大きな原動力となるよう広く発信していきたい。業界問わずSDGsの達成にはZ世代の活躍が不可欠ですからね」とセイラ氏は意気込みを語る。

また、親世代からバトンを受け継ぎ、次の世代へ渡していけるようにしっかりと活躍していくこともZ世代の使命であると考えるセイラ氏は「持続可能という言葉をよく聞きますが、会社の在り方も同じで、社会に貢献する〝選ばれ必要とされる会社〟になっていくためには、キレイなバトンリレーができる会社でないといけないと思います。つないでいくのは創業時の〝理念であり想い〟。そのことを強く意識して、〝未来をつくるための今〟を生きていきます」と早くも先を見ている。

自らの発信に責任を持ち、そして言葉に想いを込めるためにセイラ氏は早田氏や芝山社長から話を聴いて学ぶだけではなく、自ら行動し、見て触れて体感することを心掛けている。実際に打ち合わせに同席して顧客と接するほか、取材への同行や「ニセコのまちづくりツアー」への参加、ドイツのメディアにもアプローチし渡独をするほどだ。「私は、発信者は自分の言葉で伝えられなければ失格だと思っています。なぜなら、話だけなら誰でもできるからです。私は、〝Z世代の住宅インフルエンサー〟として広報をする以上、常に行動して自ら体感し、言葉に想いを込めるのが責任だと考えています」

次の10年、将来へ向けて、どういった新しい未来図が描かれるだろうか。「未来の子どもたちのために」という理念同様、今と未来をつなぐ企業の端緒になるかも知れない。

President Profile

芝山　セイラ（しばやま・せいら）

平成 11 年生まれ。
令和 4 年 3 月、関西外国語大学・外国語学部英米語学科を卒業。
令和 5 年 1 月、WELLNEST HOME に入社。
社長室兼広報担当に就任。

Corporate Information

株式会社 WELLNEST HOME

所在地

〒480-1153　愛知県長久手市作田 2-1101
TEL 0120-146-991

設　立

平成 24 年

資本金	従業員数
9,990 万円	65 名（令和 5 年 4 月現在）

事業内容

パッシブデザイン住宅設計・施工
省エネ賃貸・集合住宅設計・施工
省エネリノベーション（断熱改修）

理　念

未来の子どもたちのために

https://wellnesthome.jp/

国籍を問わず適材適所で人材を登用する専門家集団

独自の「TNF工法」で業界の地位を確立

株式会社タケウチ建設

代表取締役　**竹内　謹治**

今よりももっと
良いものを造るため、
常に進化・発展
させます

Excellent Company
Only One & Number One Enterprise

広島県三原市に本拠を置くタケウチ建設は、竹内謹治代表が率いる個性派の建設企業だ。「TNF工法」という独自の地盤改良工法を活用した低層の大型施設の基礎施工が強みである。ベトナムにも拠点を構え、現地スタッフなど外国人のほか、女性の登用も積極的に行っている。

得意とする工法や人材の活用方法、フラットで働きやすい人事制度など複数のユニークな特徴を持っている同社。1990年の設立以来、現在では国内外を含めて100人近くの大所帯に成長した。将来は米国市場への進出も目指している。

紆余曲折を経ながらも、売上規模は年々着実に伸びており、2022年度は53億円まで業容が拡大した。2023年度は64億円を見込むなど、さらなる高みを目指している。個性的な社風は竹内代表の価値観や考え方に由来するものが大きい。独自の工法や人材の活かし方などにその一端が表われている。

ローコストで環境負荷を軽減した地盤改良工法を考案
低層の大型施設に強く、施工数は1700を超える

一級建築士として建設会社で経験を積んだ竹内代表が1990年11月に設立したのが前身の有限会社タケウチハウス。1994年9月、タケウチ建設に社名変更した。2005年7月には株式会社化し、現在に至っている。

現在の社名に変更する前年の1993年、独自の工法である「TNF工法」を初めて施工している。「TNF工法」とはTender（やさしい）Net（格子状）Foundation（基礎）

ローコストと品質の両方を極める工法を生み出している

の略。ローコストで安心・安全、環境にも優しい地盤改良工法だ。

「TNF工法」の施工棟数は2022年12月時点で、全国で1708棟、累計の施工面積はおよそ406万㎡にまで拡大している。1件当たり約2400㎡になる計算だ。かなり大きな規模である。

「TNF工法」は、地上3階建てほどの低層で広い床面積を有する建物に有効で、工場や物流倉庫、商業施設などの実績が多い。基礎と地盤改良層を一体化した〝井桁（いげた）〟状の構造が特徴で、従来の杭を打つ工法と比べて安定性が高い方法だ。地盤改良層と基礎、スラブを一体化することで、柱の負荷を支持する地盤全体に応力を伝達、拡散。まんべんなく地盤に力が加わるため、地震など災害にも耐えられる安定した基礎を構築することができる。「地盤と建物が常に一体で、段差ができない点が特徴の工法」だと竹内代表は説明する。

従来は、土の中に格子を組んでセメントで固めて基礎を造る工法はなかったという。井桁を組み安定性の高い基礎を造る手法が目新しく、「TNF工法」はさらにその上に蓋をしているところが独自の発想だ。「基本的にはローコストの工法を考えている」という竹内代表だが、後に建てた建築物を解体する時、地盤の復元が容易なこともメリットの1つだ。コストをかけずに元通りにすることができる。

ローコストと環境に配慮した「TNF工法」は、これまで大きな地震にあっても過去に一度たりとも壊れたケースはないという。「今まで大きな地震が発生した場所——東日本大震災や熊本地震などでは施工した建物はどこも壊れていません。杭を使った従来型の工法では壊れたケースは多かったのですが、TNF工法は地震にも強いことが証明されました。生みの親としては嬉しい限りです」

「冷凍倉庫下地盤凍上防止」の「T－BAGS」工法の引き合いも増える「TNF工法」の進化版「3.0」の開発も模索中

「T－BAGS」は、同社が開発した特殊な袋に砂を充てんしたものだ。特殊シートを挟んだ2段のT－BAGSを土間下と基礎下に敷設し、地震の発生時には、T－BAGSのすべりによって、建物の振動を吸収して、地震から建物を守る。古来の神社仏閣は地震の時に建物が動いて免震機能を発揮する構造だったというが、こうした過去の先人の知恵にもヒントを得た。

「私は昔の知恵を現代に置き換えて工法を考えています。昔から日本で実施されていたやり方です。

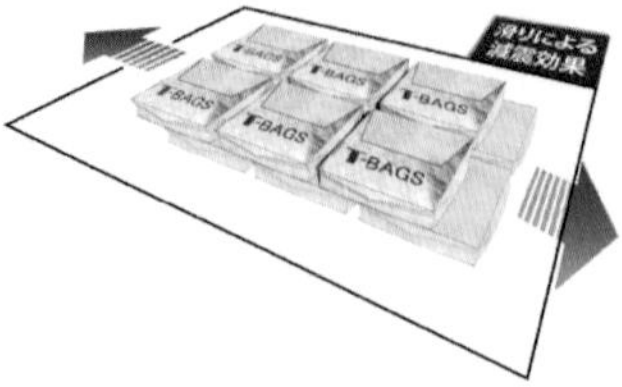

建物の振動を吸収して地震から建物を守る「T-BAGS」工法

そういう背景があるので、京都の平安神宮の境内にある商業施設を手掛けた経験はとても印象に残っています」

最近ではEコマースの需要拡大に伴って、コールドチェーン（冷蔵冷凍倉庫）の要請も増えている。T-BAGS工法は元来、減震対策であるが、冷凍倉庫の下部における地盤の凍上防止の有効性が解析によって実証され、凍上防止対策としての引き合いも増加傾向だ。

現在タケウチ建設では、「TNF工法」をさらに改良した進化版の「TNF2．0」も開発、公表している。従来のTNF工法と比べ改良土の量が約15％減り、使用するセメントの量を抑えることにも成功した。「現在取り組んでいるのはTNF2．0との境目で、TNF3．0への準備段階です。より幅広い用途に使えるように改良を進めているところです」

「当社の工法を真似る同業他社もいますが、新しい技術を開発し続ければ追い付かれることはないと考え、『今よりももっと良いものを造る』という発想で取り組んでいます。常に改革、改善していくのが当社の行動方針です」

顧客からの信頼を重視し、フランチャイズ展開せず仕事に責任を持つ明確な姿勢が鮮明に

自社の事を「建設業界ではアウトサイダー的なポジション」と語る竹内代表だが、仕事に対する真摯な姿勢は創業以来ずっと大切にしている。業容を拡大するならフランチャイズも1つの手だが、同社では採用せず、全て自前で取り組んでいる。「古い業界ということもあり、細かい規制がたくさんある。顧客の皆さんの認知が必要です。丁寧に説明しながら仕事を進めるので、業績が一足飛びに伸びる訳ではありません。しかも信頼を得ながらの作業なので尚更です。同時に人材育成を進める必要もある。フランチャイズにしないのは、一つひとつの仕事に責任を持って臨むという当社の方針の表れでもあります」

先進性と独自性を兼ね備えた技術力がタケウチ建設の強みだろう。この強みを支えているのは、竹内代表の考えやこだわり、そしてタケウチ建設に所属する多様で優秀な人材だ。独自の工法「TNF工法」も多彩な人材の登用があって初めて良さが発揮される。この多種多様なタレントの集合体という点も同社の強みの1つとなっている。

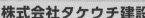

多国籍の多種多様なスタッフ採用が強みに
女性社員も3割在籍、ダイバーシティーを先取り

ベトナムに現地法人を構えていることもあり、自社のスタッフには外国人が少なくない。現地採用のほか、日本への留学生も積極的に採用している。2023年1月現在で、社員の約半数が外国

籍。ベトナムを筆頭にイラン、インドネシア、中国など、アジアや中東など多国籍社員が働いている。

所属する部署も様々だ。建設部が一番多いが研究開発部や管理部、設計部にも複数の外国人が在籍しているほか、外国籍の役員もいる。そのほか、女性が全社員の約30％で、建設会社としては珍しく比率が高い。大企業が掲げるダイバーシティー（多様性）を一足先に実現している状態だ。

これは竹内代表の〝適材適所〟に人材を配置するという考え方に基づいている。釈迦の故事「人を見て法を説け」ではないが、それを地で行っているのがタケウチ建設だ。各人の資格や能力に応じた配置や教育を行い、それが結果的に社員のやる気を喚起し、質の高い仕事へとつながっている。

「それぞれの社員には将来『このように成長してもらいたい』という青写真があります。各人に適した事を教え、育てているところです」

人材採用は海外の現地で説明会を開催するほか、大学と連携した技術セミナーも実施する。竹内代表自ら、全ての志望者と面談し、採用の可否を検討する。採用後は海外子会社でのＯＪＴ（オン・ザ・ジョブ・トレーニング）やモラル教育を実施。日本語教育や企業文化、新人研修を経て、各部署に配属される。

給与などの待遇は国籍に関係なく一律同じだ。労働体系はいわゆる能力重視の〝ジョブ型〟と、組織の一員として働く日本の伝統的な〝メンバーシップ型〟を併用している。長く働けると同時にスキルアップしやすい環境を整えている点が特徴だ。「メンバーシップ型をメインにしてジョブ型と併用しているのが当社の特徴です。フェアな評価とフラットな組織は社員のやる気につながります」

人手不足の昨今、人材の定着にも留意し、一環として結婚や子育て支援や転勤、短期研修、社内行事の実施など、〝働きやすい〟環境整備にも力を入れている。

日本に本拠を置く企業なので当然、軸足は日本人にあるが、竹内代表は外国人の持つ可能性に魅力と期待を感じている。「日本人と外国人との違いを感じるのは、個性が明確なことです。日本人の集団では醸し出す雰囲気が大抵、一色に染まるものですが、外国人の場合はカラーが増える。そこから何か新しいものが生まれるのではないかと期待しています」

一方、日本人の社員確保に関しては、現在一抹の不安を抱いている。広島・三原市に本拠を置く同社だが年々、日本人の採用数が減少傾向にあるようだ。「やはり地方都市ということもあり、社員数の増え方も応募も低いのが現状です。国内の有能な人材を集める事が今後の課題でしょう」

安定した経営基盤を築くのが今後の課題 米国進出の目標、ベトナムが試金石に

2023年で77歳を迎える竹内代表は、今後の会社の行く末も視野に入れている。各人に適した社員教育により、多種多様な人材を抱える強く個性的な企業体になることを目指している。「今から組織をしっかりと固めて、私の後に誰が社長になっても大丈夫なよう体制を整えておきたいと考えています」

自身は、「基本的に技術屋で会社組織の管理系統には疎い」と謙遜するが、様々な能力を持った多彩な組織を作り上げている点が、技術革新の原動力になっていることは間違いないだろう。「社員はみんな、私から見たら子や孫のような存在」と語る竹内代表。アットホームな社風も同社の

社内イベントを定期的に開催し、多国籍の社員との交流を深めている

OJTやモラル教育など、社員教育にも力を入れている

特徴である。出身高校の校訓だった「質実剛健」が座右の銘。しかし実際は、経営理念である「皆様のお役に立てますように」を具現化したような〝微に入り細に穿つ〟仕事ぶりだ。強い意志を持ちつつ、細やかな精神で事に当たる。人材育成の手法を見ても、その姿勢が貫かれていることが見て取れる。

今後、「TNF工法」を米国市場で展開することも大きな目標だ。米国は低層の建物が多く、ニーズはあると分析する。そのためにまずはベトナムを試金石にして、工法の技術や精度を高め、満を持して米国へ進出しようと考えている。次世代へバトンを渡すまで、竹内代表の挑戦は続く。

President Profile

竹内　謹治（たけうち・きんじ）

昭和 21 年生まれ。
昭和 45 年 3 月に広島大学工学部建築学科を卒業。
東中国菱重興産株式会社で 17 年にわたりプラント・工場、福祉施設、オフィスビル等の設計施工を担当。
昭和 62 年、ティーアンドピィー設計事務所を設立。
平成 2 年、タケウチ建設を設立。
一級建築士。社団法人日本建築学会会員。社団法人地盤工学会国際会員。

Corporate Information

株式会社 タケウチ建設
Takeuchi Construction Inc.

所在地

〈本社〉〒 723-0015　広島県三原市円一町 4-2-14
TEL 0848-60-1331　FAX 0848-62-6973
〈関東営業所〉〒 110-0005　東京都台東区上野 5-6-10　ＨＦ上野ビルディング 10F
TEL 03-5817-8303　FAX 03-5817-8304

設立

平成 2 年

資本金	従業員数
5,000 万円	95 名（グループ全体）

事業内容

TNF 工法他特許工法の施工・管理
建築施工・管理（店舗、住宅、教育施設等）
新技術・新工法の研究開発

代表挨拶

1993 年の TNF 工法の初施工以来、数多くの施工実績を積上げることにより、蓄積されてきた工法に係るノウハウは新たな工法開発の原動力となっています。BIM、ICT といった動向にみられるように建設業界を取り巻く環境は大きく変化していくことが想定されます。
時代やビジネス環境が求める新しい課題に対し、地盤改良、基礎の領域で様々な解析手法によるシミュレーションを行い、皆さまのお役に立てる独創的且つ革新的な新技術の提案を行うことにより、持続可能な発展をベースとする社会の実現に寄与できるものと確信しております。

https://www.takeuchi-const.co.jp/

高い志と不屈の信念で
日本の橋を守りぬくオンリーワン企業

循環式ブラスト工法を駆使して「ゴミを減らして世界を変える」を実現

ヤマダインフラテクノス株式会社

代表取締役　**山田　博文**

専務取締役　**山田　翔平**

日本の橋を
守り続けていく
という志に
覚悟を持って、
誇り高き挑戦を
続けていきます

ヤマダインフラテクノス株式会社

１９４５年の敗戦から高度経済成長を経て奇跡の復興を果たした日本。この復興の一翼を担った社会インフラの1つに橋梁がある。人や物の移動には欠かせない橋梁はまさしく高度経済成長を支えた要であり、現代日本の発展とともに時を刻んできた。しかし時代の立役者であった橋梁も建設から半世紀以上が経過して老朽化が深刻化するなど、補修や保全の対応が急がれている。

そのような重要な社会インフラである日本全国の橋梁を守りぬくという使命感を抱き、社員一丸となって邁進している企業が愛知県にあるヤマダインフラテクノス株式会社だ。

代表である山田博文氏が開発した「循環式ブラスト工法」は、それまでの橋梁の塗り替え塗装工事の常識では削減が難しいとされていた有害産業廃棄物の排出量を、従来のわずか40分の1までに抑制することに成功するなど、その画期的な環境保全の取り組みは国からも高い評価を受けている。

「ゴミを減らして世界を変える」を合言葉に、できないという固定概念から脱却し、国のため、さらには世界のために貢献し続けるヤマダインフラテクノスに、今、大きな注目が集まっている。

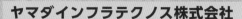

難易度の高い原子炉塗装で経験と実力を育む
大きな転機となった橋梁事業へのシフトチェンジ

ヤマダインフラテクノスの主な事業は、高度成長期に作られて老朽化した橋梁を腐食予防と疲労耐久性向上などの高い技術力を使って補修・保全することだ。

創業は１９５３年。山田代表の父である外吉氏が愛知県知多郡上野町（現東海市）に「ヤマダペ

２つの技術を生み出し、日本全国の橋を守り続けている

ンキ」として立ち上げたのが始まりだ。全国の製鉄所の塗装を手掛けるなど鉄の塗装を中心とした事業を行っていたが、１９７５年頃から原子炉の塗り替え塗装工事にも参入するなど、新しい分野にも積極的に進出していく。この原子炉塗装に関わったことが会社にとっての大きなターニングポイントだったと山田代表は振り返る。

「原子力は放射能の問題もあるため制限が多く、防食性のグレードも一番高い技術を求められるなど、非常に困難を極める作業となります。しかし、それをやり遂げたことは当社にとって大きな自信となり、財産となりました」

山田氏が33歳で代表となり事業を受け継いだ頃から、現在の事業の柱となる橋梁の仕事も少しずつ請け負うようになり、さらに業容を拡大していった。そんな時、会社の行く末を大きく変える２つ目の転機が訪れる。２００５年に国の規定が改正され橋梁の塗り替え工事の方法が変更されたのだ。それまで橋梁の塗り替え塗装工事といえば、錆びている一部分だけを削り落として、塗り重ねる塗装がスタンダードとされていたが、改定後は橋に塗られている塗装やサビを全てブラストにより除去し、そこから重防食塗装を施す工法にルールが変わったのだ。

「重防食塗装といえばうちが得意中の得意としている技術で、従業員は皆スペシャリストばかりでしたから、これは大きなビジネスチャンスが来たと思って、そこからは橋梁の仕事に特化した事業へと大きく舵をきりました」

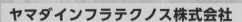

ヤマダインフラテクノス株式会社

塗り替え塗装工事の常識を覆した「循環式ブラスト工法」を開発
すべてはゴミ問題解決のため。特許は取らず普及に努める

会社が橋梁の仕事へと事業を転換していく中で、山田代表は次第にブラスト工法の大きな課題に気がつくようになっていく。それは出されるごみ、いわゆる有害産業廃棄物の量が尋常ではないことだった。「ブラスト工法を行う際の研削材は、砂や高炉スラグなど単価の安い非金属系のものを使用することが一般的だったのですが、この方法だと塗装面に衝突する時に粉々になり、剥がれた塗装カスと一緒になって非常に多くの産業廃棄物が発生していました」

また破砕の際に粉塵が出ることによりブラストの品質も低下し、その後、産業廃棄物を運搬・埋め立て・焼却することで発生する二酸化炭素の排出も環境のことを考えると看過できない問題だったという。「そこで私たちは研削材を非金属系から鉄の球などの金属系に変えてブラストを行えば、産業廃棄物の量を大きく削減できるのではないかと考え、約10年の歳月をかけて「循環式ブラスト工法」を開発しました。従来のブラスト工法との大きな違いは金属系の研削材を使用することにより、金属の特性に基づいて作られたセパレータという部位を通して金属系の研削材と塗装カスとを分離することに成功したことです」

この工法により、分離された金属系の研削材は連続供給装置を通じてまた現場で噴射されるため、廃棄するのは塗装カスのみとなるという。

例えば1000㎡のブラストに対して今までなら約40トンの研削材と1トンの塗装カス、合計41

トンの廃棄物が排出されるところを1トンの塗装カスだけに抑えることができ、実に40分の1まで産業廃棄物を削減できる計算となる。使い捨てのブラストから再利用できる循環式ブラスト工法へ。この画期的な開発が業界に与えた影響は革命的なもので、今では橋梁の塗り替え塗装工事の約50%が「循環式ブラスト工法」で行われるまでになっている。しかし、山田代表は現状に満足はしていない。残り半分の工事でまだ使い捨てのブラストが使われ続けているからだ。「我々はこの循環式ブラスト工法が現場で100%採用される日がくるまで、訴え続けるつもりです」と言い切る。

また、普及の足かせにならないようにとあえて特許を取ることをせず、誰もが使用できるよう門戸を広げている。「なぜ特許を取らなかったのかと、よく周囲からも尋ねられるのですが、自分たちの会社だけが儲かれば良いなどという気持ちは毛頭ないからです。私達は本気で循環式ブラスト工法を使ってゴミを減らして世界を変えていきたいと思っています。そして子や孫、未来の子ども達が安心して住める地球環境を残してあげたいと願っています」

「次世代に環境問題のツケは残さない」その強い想いを胸に、山田代表は今日も果敢に挑み続けている。

「エコクリーンハイブリット工法」開発で橋梁の長寿化に貢献 不屈の精神と信念で次々と新たな技術を生み出す

「循環式ブラスト工法」を開発したことで、今までの橋梁の塗り替え塗装工事の常識を覆したヤマダインフラテクノスの快進撃は、その後も続いていくことになる。産業廃棄物の量を大幅に削減するだけではなく、橋梁の長寿化に貢献できる予防保全の技術についても新たな工法を確立したのだ。

通常、橋が傷んだり壊れたりする原因は大きく分けて2つあるといわれる。1つは鉄が錆びて劣化する腐食と、もう1つは長年にわたって交通荷重を支えることによってできる疲労き裂だ。「疲労き裂は放置し続けると鋼材の破断にもつながる重大な損傷です。そこで我々は、鋼材の疲労強度を向上させるショットピーニングという技術に着目し、スチール製の球で高齢化を迎えた橋の溶接部分に投射することによって疲労き裂に対する予防保全が可能になると考えました」

こうして新たに生み出された技術が、ブラストによる腐食予防とピーニングによる疲労き裂予防が同時期にできる「エコクリーンハイブリット工法」だ。ブラストと同時期に施行すれば足場を併用することができ、ピーニング材も回収して再利用が可能になるまさに一石二鳥の技術だった。このような高い技術と環境への貢献が国から評価を受け「循環式ブラスト工法」は3R推進功労者等表彰において内閣総理大臣賞を受賞。続く「エコクリーンハイブリット工法」も文部科学大臣表彰において科学技術賞を受賞するなど、そろって栄誉に輝いた。

他社では考えつかない工法をなぜ、ヤマダインフラテクノスは次々と実現することができたのか。それについて山田代表は、「できないという固定概念から脱却し、人生に不可能はないと信じる心を持っていたからです」と自身の信条をきっぱりと語る。また、「できないと思考を停止するのではなく、未来に向けて世の中に、より良いものを提供することが経営者の使命だと考えていたからです」とも。

不屈の精神と高い使命感に裏打ちされた現状を打破する力。これこそがヤマダインフラテクノスの真骨頂といえるのだろう。

人材不足解消の起爆剤へ「ウシワカプロジェクト」始動
橋を守る職人への理解とリスペクトに注力

牛若たちの志、誇り高き挑戦

人材確保と業界全体の地位向上を目指した
「ウシワカプロジェクト」

山田代表の息子であり専務取締役として敏腕を振るう翔平氏は、父の理念や想い、伝統を大切に引き継ぎつつ、さらなる飛躍・進化のために若い力で新たな改革にも力をいれている。その1つが建設業界全体の課題ともいえる人材不足の問題だ。昨今の少子高齢化社会において人材不足の解消はどこの業界でも頭の痛い問題だが、ガテン系などと揶揄されることも多い建設業界は、ことのほか深刻な問題となっている。こういった現状に強い危機感を覚えた山田専務が取り組んだものが、中部地方で土木インフラに従事する会社有志で結成されたウシワカ製作委員会、通称「ウシワカプロジェクト」の発足だ。

「日本の大切な社会インフラである橋を守ることの重要性と、それに携わる若き技術者の熱い想いや志を知ってもらって、この業界に飛び込んできてもらうにはどうすればいいかを考えた時、ドキュメンタリー番組の制作を思いつきました」

若手社員を中心に橋梁保全に誇りをもって取り組む職人にスポットライトをあてた番組放送は、名古屋をはじめ、北陸・東海・九州など広い範囲でオンエアされ、感動した視聴者から激励のメッセージが入ることも多い。

「ウシワカプロジェクト結成の目的は人材の確保だけではなく、業界全体の地位向上を目指してのことです。建設業がこれから何不自由なく人材の確保をできるようにしなければ、インフラメンテナンスが滞り社会基盤が本当に安心して安全に使っていく状態にならない。橋を守る職人への理解とリスペクトが進むPRを今後も大きな使命として取り組むつもりです」

日本の生き残りをかけた海外との連携
覚悟と誇りをもって日本の橋を守り抜く

産業廃棄物の発生抑制という誰もなしえなかった環境に配慮した新工法を開発して業界に革命を起こし、大きな存在感を放つヤマダインフラテクノス。今後の展望について、山田専務は次のように語る。「来たる少子高齢社会の到来に向けて技術者の確保はかつてないほど重要です。いずれ国内だけでは人材を確保できない時代がやってくるでしょう。そのために備えてうちではベトナムに学校を作り、未来の技術者を育成する計画を立てています」

さらに、ショットピーニングの技術をアメリカに持ち込みしっかりと確立して日本に逆輸入する

豊かな日本を築いた先人への感謝を忘れず、次の世代へ残していく

ビジョンも持っているという。「これからの日本は海外と上手に連携していかなければ生き残ることは難しい。グローバルな視点を持ち、未来を見据えて事業を展開しなければなりません」

また山田専務が、橋梁を守っていく立場を担うものとして、常々意識していることがあると話す。それは豊かな日本を築いてくれた先人への深い感謝の念だ。

「私達が享受しているこの便利な日本の環境は、どれ1つとってもあたりまえのものではないのです。先の大戦では特攻隊の方々が尊い命を犠牲にして日本を守り、戦後は団塊の世代の方々が寝食を忘れて懸命に働き、日本の復興を成し遂げてくださいました。先人たちが残してくれたこの豊かな日本をどうやって受け継ぎ、次の世代に渡していくのか。それは業界関係なく、国民一人ひとりが考えないといけないもの。私達は『日本の橋を守り続けていく』という志に覚悟を持って、誇り高き挑戦を続けていきます」

「ゴミを減らして世界を変える」「豊かな日本のために橋を守り続ける」この壮大な企業理念実現のために、ヤマダインフラテクノスの飽くなきチャレンジはまだ始まったばかりだ。そして今後も山田代表・山田専務を筆頭に社員一丸となって独自の道を邁進していく。

President Profile

山田　博文（やまだ・ひろふみ）

昭和 37 年生まれ。愛知県出身。
平成 9 年山田塗装株式会社代表取締役に就任。趣味は釣り・ゴルフ。

山田　翔平（やまだ・しょうへい）

昭和62年生まれ。愛知県出身。令和2年ヤマダインフラテクノス株式会社専務取締役に就任。

趣味は釣り・プロレス観戦・音楽鑑賞。

Corporate Information

ヤマダインフラテクノス株式会社

ヤマダインフラテクノス株式会社
YAMADA INFRA TECHNOS Co., Ltd.

所在地

〈本　社〉〒476-0002　愛知県東海市名和町二番割中５－１
TEL 052-604-1017　FAX 052-604-6732
〈支　店〉東北・関東・北陸・浜松・静岡・名古屋・三重・関西

設　立

昭和 41 年（創業昭和 28 年）
平成 27 年 山田塗装㈱よりヤマダインフラテクノス㈱に改名

資本金	従業員数
2,000 万円	140 名（令和 5 年 2 月現在）

業務内容

鋼構造物塗装、各種橋梁補修、鋼構造物へのショットピーニング 他

経営理念

人間性の追求
豊かな人間関係を構築し人に愛される企業であり続ける
社会性の追求
社会的に信頼された常に引きを得られる企業であり続ける
科学性の追求
新技術・新工法を創造し特化した製品と施工を提供する

https://eco-yamadapeint.co.jp/

地域が誇るオムニホイールのトップメーカー

工場を移転しながら進化を続け、プレスベアリング売り上げ実績 No.1 ！

株式会社富士製作所

代表取締役社長　**村上　吉秀**

世の中を便利にする
『文明・文化』を創る
会社にしていきたいと
願っています

Excellent Company
Only One & Number One Enterprise

三重県伊賀市は伊賀流忍者の里として知られ、歴史的な建物や昔ながらの町並みが数多く残っている。深い山々に囲まれた自然豊かなこの地で、世の中が便利になるものを造るため研究を続けている企業がある。それが株式会社富士製作所だ。大きな搬送物でも小さな力で運ぶことができるオムニホイールのトップメーカーであり、進化したニンジャホイールはグッドデザイン賞を受賞している。三代目代表取締役社長を務める村上吉秀氏に、会社の歴史や事業の内容、今後の展望まで詳しく伺った。

工場を移転・拡張しながら「産業の米・ベアリング」を製造
祖父から息子、孫へと受け継ぎ創業84年

株式会社富士製作所は、1939年に大阪市東成区で村上代表の祖父が戦時中に創業し、村上製作所として魔法瓶とライターの製作から始まった。プレスベアリングの売り上げ実績No．1を誇る同社は、今年2023年で創業84年を迎えた。

ベアリング用保持器の製造をきっかけに、今や〝産業の米〟といわれるベアリングに未来を託し、1963年旧上野市（現伊賀市）に工場新設し、プレスベアリングの製造へと事業転換した。1970年にはスイスのマテハンメーカーであるインターロール社と販売契約および技術提携を皮切りに、輸出入業務を開始し世界への挑戦が始まった。

その後、もの造りの現場である「生産物流工場」やEC等「流通物流倉庫」の搬送系自動化ラ

社員旅行や忘年会等の催しを開催し、社員やその家族との親睦を深めている

インにおいて、なくてはならない〝回転〟を担うベアリングとコンベヤコンポーネントのスペシャリストになり、トップメーカーとしてポジションを確立してきた。

２０１２年には苦労の末、高級車向けのベアリングを手掛ける事に成功した。

「なかなか客先の品質監査に合格出来ず、監査で指摘された個所を数カ月かけて挽回しました。徹夜続きで過酷な状態でしたが、勉強になったと自負しています。そんな中、型破りな〝焼き入れ後に切削加工する〟という逆転の発想で全世界の競合に勝てた事は、正にドラマでした」と振り返る。コストも大幅に下げることができた。

「技術力と根気が必要でしたが、自分は高級車の部品を造っているのだという誇りがありました。その後の信頼を築くことにも繋がりました」

今や富士製作所の売り上げのうち、10％は自動車部品が占めている。

２０１７年、同市内へ工場を移転・拡張した。工場拡張をきっかけにＯＥＭのローラ製造やコンベヤ組立作業を受注し、オムニホイールやニンジャホイールといった新規開発品が認知された事で、売上拡大に繋がった。また、国内製造のコストアップを改善する為に、中国や台湾製品の採用により原価低減を実現。上海事務所の設立が中国国内間取引を可能にし、日系現地法人からの新規受注に繋がった。

社長就任直後のリーマン・ショックで大打撃
社員とコミュニケーションを図り荒波を乗り越える

先代の亡き後を引き継ぎ、村上代表が社長に就任したのは２００８年だった。世界各国の経済に深刻な影響を与えたリーマン・ショックの時代であり、その影響は富士製作所も例外ではなかった。「翌年は売上が半分にまで落ちました。本当に激動の時代で、この辺りの数年は記憶がないくらい大変でしたね」

当時を振り返り、今となっては笑い話だと笑顔で語った。

社長に就任した村上代表は、社員同士のコミュニケーションが図れていないことに気付いた。そこで社員旅行や忘年会等の催しを開催し、社員やその家族との親睦を深めた。そんな中、品質管理検定に出会い、社員が資格取得を目指すようになった。この検定の勉強の成果で、大手部品メーカーとの縁が繋がるなど功を奏した。現在では、全社員に同検定３級以上の取得を義務付けている。その活動スローガンとして「良品を担保する仕組みづくり・ものづくりを極める」と掲げ、顧客に対して「この製品は大丈夫です」と自信を持って言える根拠となる仕組みを作っている。

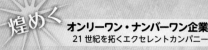

オムニホイールは輸送現場の無人化ソリューションの強い味方
機能性と審美性を備え、グッドデザイン賞を受賞

小さい力で大きなものを運ぶシーンに優れているオムニホイール。車輪の動きだけであらゆる方向に動く全方向移動ホイールであり、小さな力で大きなコンテナも楽に多方向へ移動することが叶う。空港ではコンテナなど重量のある荷物を搬入するために、オムニホイールを使用したオムニステージが役立っている。オムニステージは、床に敷き詰めその上に荷物を転がす方法だ。便利ではあるがステージは動かせず、その場所でないと使用する事ができない。村上代表は、これをキャスターにすれば他の場所にも持っていけるのではないか、台車の車輪にしたい、と思い付いた。

「流通系の倉庫は、コロナ禍ではより自動化しないといけないと思います。人手をかけず、床を自動で動いていく台車を作れないだろうかと考えました」

こうして、ＡＧＶ（電動無人搬送車）や自走ロボットにオムニホイールを取り付けた。重荷重用から軽荷重用まで、用途に応じ４タイプから選べ、医療機器や家電、台車など身近なものにも多く使用されている。

「手術中に移動できるレントゲンの機械にもオムニホイールを付けています。レントゲンを患部に

株式会社富士製作所

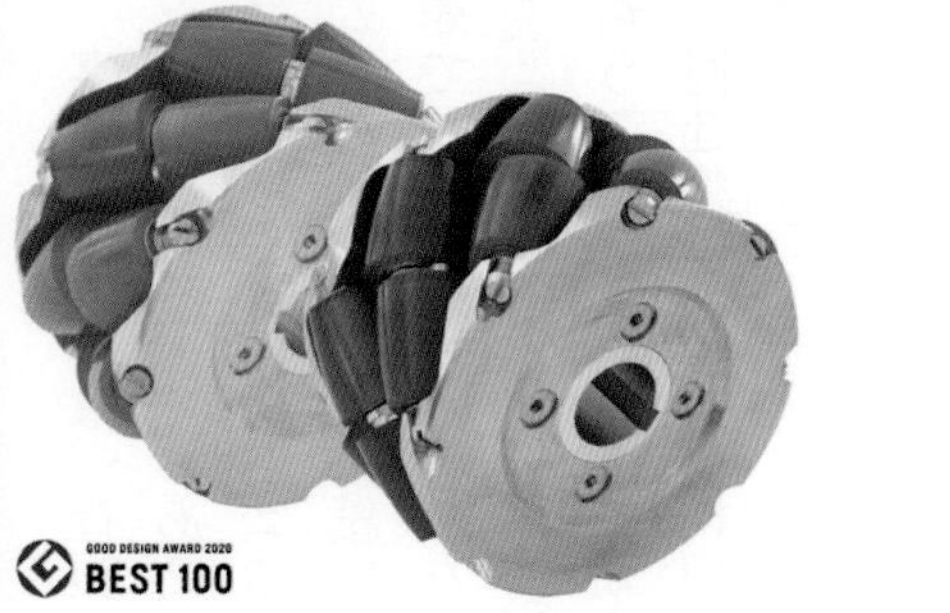

2020年度のグッドデザイン賞を受賞した、
FUJI NINJA WHEEL®（フジニンジャホイール）

当てて、確認しながら施術ができるので位置決めがしやすいそうです」

オムニホイールを使用した台車は、力の強くない看護師でも軽く動かすことができる。

そんな中、顧客からの要望もあり、オムニホイールを小型化且つ耐荷重の大きい車輪が誕生した。それが、ＦＵＪＩ ＮＩＮＪＡ ＷＨＥＥＬ®（フジニンジャホイール）である。ニンジャホイールは、３６０度全方向への平行移動が可能の比類なき搬送車用の全方向駆動型車輪だ。軸方向に対し45度傾けた樽型ローラを車輪の外周部に配置し左右2種類の車輪にモータを取り付け、回転を制御することのできる車体を製作することで、あらゆる方向への移動が可能となった。

「それまでは1個のホイールで１００ｋｇの耐荷重でしたが、研究を重ね1個のホイールで耐荷重を３００ｋｇまで上げることに成功しました」

空港などでは１ｔの荷物も多かったため、それらを搬送することが可能となった。工場や倉庫内の危険な業務の無人化ソリューションを加速させ、高齢化・人材不足の問題解決にも繋がる。ニンジャホイールは今後、自動車や物流以外にも様々な分野で活躍するだろう。

このニンジャホイールが「2020年度グッドデザイン・ベスト100」に加え、「グッドフォーカス賞［技術・伝承デザイン］中小企業庁長官賞」を受賞した。インテリアデザイナーの経歴を持つ村上代表にとって、グッドデザイン賞の受賞は長年の夢でもあった。

「機能性はさることながら、幾何学的で無駄のない設計は審美性も備えていると評価していただきました。これからの時代の手助けになる商品だと思います」

様々な取り組みが評価され、「学生に教えたい〝働きがいのある企業〟」大賞受賞 SDGsやESG、働き方改革に注力

富士製作所では、社員環境を整えるため働き方改革にも力を入れている。工場では3Kのイメージを払拭するべく、あえて白いユニフォームを着用している。汚れが目立つことで機械の汚れにも早く気付き、常に清潔な工場を保つことを理想としている。村上代表は「いわゆる〝白いユニフォームが汚れのリトマス紙〟です」と語る。初代・先代代表は共に病気で亡くなっていることから、健康で長く勤めてもらうため待遇や環境を整え、企業価値が上がるよう努めている。

「今の社員の子どもや孫が働きに来てくれるような会社にしたいです。会社の成長した姿を見てもらうことが、これまで勤めてくださっていた方々への恩返しになればと思います」

同社では外国人の採用も行っており、勤勉で親日な中国人やベトナム人が勤務している。近い将来、海外で生産拠点をもつことも視野に入れている。

こういったあらゆる取り組みが評価され、大阪府経営合理化協会の主催する、第3回「学生に教えたい〝働きがいのある企業〟」で大賞を受賞した。村上代表の熱い想いが、若い世代にも伝わっているのだろう。

SDGsやESGにも取り組んでおり、コロナ禍でより加速したというペーパーレス化。給料明細や資料はクラウド上で確認するようになり、昨年より年賀状も廃止した。

「勤務状態もGPSで分かりますし、どこでも仕事ができる環境が整ったので、効率が良くなりました」

世の中のために、まだないものを生み出したい どこにでも当たり前に付いている製品に成長することを目指す

村上代表は今後の富士製作所について、「ベトナムへの進出を考えています」と語った。2024年にはベトナム工場を立ち上げ、国内向けのコストダウンや欧州・アジア向け販売強化を行う。それにより、世界標準規格のベアリングとコンベヤを確立させ、世界のローラ・ラボを構築していくという。ニンジャホイールやオムニホイールが様々な業種・業態（モビリティ、移動型ロボット、AGV・AMR、車椅子、医療機器、建築現場）に標準化採用され、どこにでも当たり前に付いている製品に成長することを目指している。小さな力で延々と動き続ける、持続可能なエネルギー製品を生み出したいという。

働き方改革に注力し、「学生に教えたい“働きがいのある企業”」で大賞を受賞

「世の中に無いモノ・サービスを創り、それが次第に文化となり、やがて文明として人類の幸せにつながる架け橋になる様、日々チャレンジしていく事、いわゆる『文明・文化』を創る会社にしていきたいと願っています」

「デザイン（創造）は脳の切り売りである」そう語る村上代表は、「デザインは自分の足で稼ぎ、モノを沢山見て、見る力を養い、引き出しを創り、それらを駆使し創り上げることである」と考える。「創造力を養うには時間とお金を掛け、人一倍〝創造の虫〟になる努力が必要である」と自身の信条を大切にしている。

　村上代表は、「これからも富士製作所の企業価値を上げ、お客様も含め世の中に選んで頂ける会社になりたいです。そして社員や社員のご家族が幸せになるようにしていきたいです」と真っ直ぐ前を見据えた。

President Profile

村上　吉秀（むらかみ・よしひで）

昭和 40 年生まれ。
昭和 63 年 3 月、近畿大学商経学部商学科卒業。
同年 4 月、総合輸入建材メーカー入社（建築・内装用装飾仕上げ建材の営業業務）。
平成 4 年 1 月、設計事務所入社（商業施設の建築・内装における設計・施工・総合プロデュース業務）。
平成 16 年 9 月、株式会社富士製作所入社。
平成 18 年 1 月、常務取締役兼営業部長に就任。
平成 20 年 11 月、代表取締役社長に就任。現在に至る。

Corporate Information

株式会社富士製作所

FUJI 株式会社 富士製作所

所在地

〈本　社〉〒 530-0041　大阪市北区天神橋 2-3-8　MF 南森町ビル 11F
TEL 06-6948-6411（代）
〈工　場〉〒 518-1403　三重県伊賀市炊村 3108（大山田工業団地内）
TEL 0595-46-2211（代）　FAX 0595-46-0101

創　業

昭和 14 年

資本金	従業員数
5,000 万円	94 名（令和 4 年 4 月現在）

事業内容

プレスベアリング（含 切削・樹脂等）及び
コンベヤパーツ（樹脂ローラ・コンベヤ関連部品等）の設計・製造・販売

経営理念

公約した品質の厳守
国際的視点での先進技術の開発と情報の提供
正直な意見交流のできる誠実な会社

https://www.fuji-bearing.com/

優秀な人材を武器に右肩上がりの成長を続ける躍進のＩＴ企業

システム開発に関わるあらゆるソリューションを可能にする専門家集団

日発株式会社

代表取締役社長　**大田　明寛**

Excellent Company
Only One & Number One Enterprise

今後も、
“上場”という
目下の目標に向かって
歩みを止めることなく、
加速度的に成長を
続けていきます

東京都杉並区に本社を構える日発株式会社。金融、自治体を中心に大手を含めたあらゆる業種・業界のシステム開発を手掛ける同社は、2012年の会社設立以来、優秀なシステムエンジニア人材を最大の武器に、右肩上がりの成長を続けてきた躍進企業だ。創業時、一人で始めた会社がわずか10年程で150名（2023年2月現在）を超える体制へと大きな変貌を遂げた。

「日発の社名由来である〝日々発展〟の実践と、弊社の理念である〝信用・人材・技術〟を大事にここまで歩みを進めてきました。今後も、〝上場〟という目下の目標に向かって歩みを止めることなく、加速度的に成長を続けていきます」

こう真っすぐに前を見据え、力強く語るのは、日発創業者で代表取締役社長の大田明寛氏。同氏のお話とともに、同社成長のカギを握るキーパーソン的な役割を担うスタッフ数名にもお話を伺い、現状や人材育成の取り組み、今後に向けての事業展開など、日発の核心に迫った。

あらゆる業界からのシステム開発ニーズに対応 ＩＳＭＳの取得でＳＥＳ事業中心からの脱却を目指す

日発株式会社は同社の他、日発教育センター株式会社、ＨＩＨＡＴＵＳＯＦＴ株式会社、可用網絡科技有限公司という3つのグループ企業を有して事業を運営。

日発グループ全体において、組織は大きく、システム開発本部・営業本部・管理本部の3つに分かれている。大田代表は、「この中で当社の心臓であり、メインはシステム開発本部」だと話す。「同

技術力を伸ばすために行われる少人数制での勉強会

本部は現在、金融事業部・産業事業部・インフラ事業部・公共社会事業部・セールスフォース事業部・コンサル事業部・クラウド事業部の7つを運営し、幅広い業種・業界に対し、システム開発に関わるあらゆるニーズにお応えする体制を整えています」と説明する。

今やどの分野においても、〝紙から電子〟、〝インターネットの活用〟が不可欠なものとなっている中で、日発はこれまで証券システム（リアルタイム株式価格情報システム）や予約管理システム（パソコン教室予約管理・受講管理システム）、通信事業者業務システム（顧客管理システム）、大手印刷会社業務システム（デザインマスター管理システム等）、物流会社業務システム（物流手配、入出庫指示管理システム）、人事給与システム（人事管理システム等）、旅行会社業務システム（団体予約管理システム等）、クレジットカード会社業務システム（大手クレジット会社各社のカード加盟店申請管理システム）、携帯カメラアプリ（自社のカメラアプリを他社携帯へポーティングするアプリ）、新聞出版システム（入稿管理システム）、保険システム（生命保険システム）の導入といった膨大な実績を残してきており、この一例を見るだけでもあらゆる業界から、システム開発ニーズが溢れていることが伺える。

「現状は、弊社のシステムエンジニアスタッフを派遣して労働力を提供するＳＥＳ（システムエンジニアリングサービス）事業がメインとなっていますが、今後は官公庁向けの入札案件など、持ち帰りの受託システム開発案件もどんどん請け負っていきたい。そのために、ＩＳＭＳ（情報セキュリティマネジメントシステム）の認証取得も必須であると考えています」と大田代表。

成長エンジンの目玉である〝セールスフォース〟事業

「〝セールスフォース〟事業を日発グループの売上に大きく貢献できる体制に早く持っていきたい」（于長利氏）

ＳＥＳ中心の事業脱却を目指すなど、更なる変化と成長を目論む日発は、成長エンジンの目玉として、２０２２年から新たな取り組みを行っている。それが〝セールスフォース〟事業だ。

セールスフォースは、米国発のＣＲＭ（顧客管理）ソリューションを中心としたクラウドコンピューティングサービスで、現在ＣＲＭの世界シェアは16％、日本国内のＳＦＡ（営業支援システム）のシェアは60％を誇るなど、ＣＲＭとＳＦＡマーケットを牽引する存在として、世界中で確かな存在感を放っている。日発はセールスフォース事業部を通して、セールスフォースが生み出した革新的なシステムをクライアントへ提供するサービスを現在行っている。同事業部の部長を務めるなど、セールスフォースのキーパーソン的存在である于長利氏に、自身の経歴やこれまでの取り組み、今後のビジョンなどを伺った。

「私は大学を卒業後、講師やエンジニアを務め、２０１６年に日発に入社しました。ソフトウェア開発には20年以上携わり、近年はセールスフォースの勉強に力を入れ、セールスフォースに関わる認定資格の取得も進め、名実ともにセールスフォースの専門家となれるようさらなる努力を重ねています」

　こうした勉強に励む一方で、自社へのシステム導入作業の他、生命保険、塾経営、車販売と様々な業界において導入実績を築きあげてきた。

「今後は私の得てきたセールスフォースに関わる知識・経験を社員に還元していくことが当面の課題」と于長利氏。「今でも（2023年2月現在）弊社社員20名程を選抜して勉強会を繰り返し行っています。育成メンバーをセールスフォース案件にどんどんアサインしていき、日発グループの売上に大きく貢献できるような体制に早く持っていきたい」と于長利氏は力強く語る。

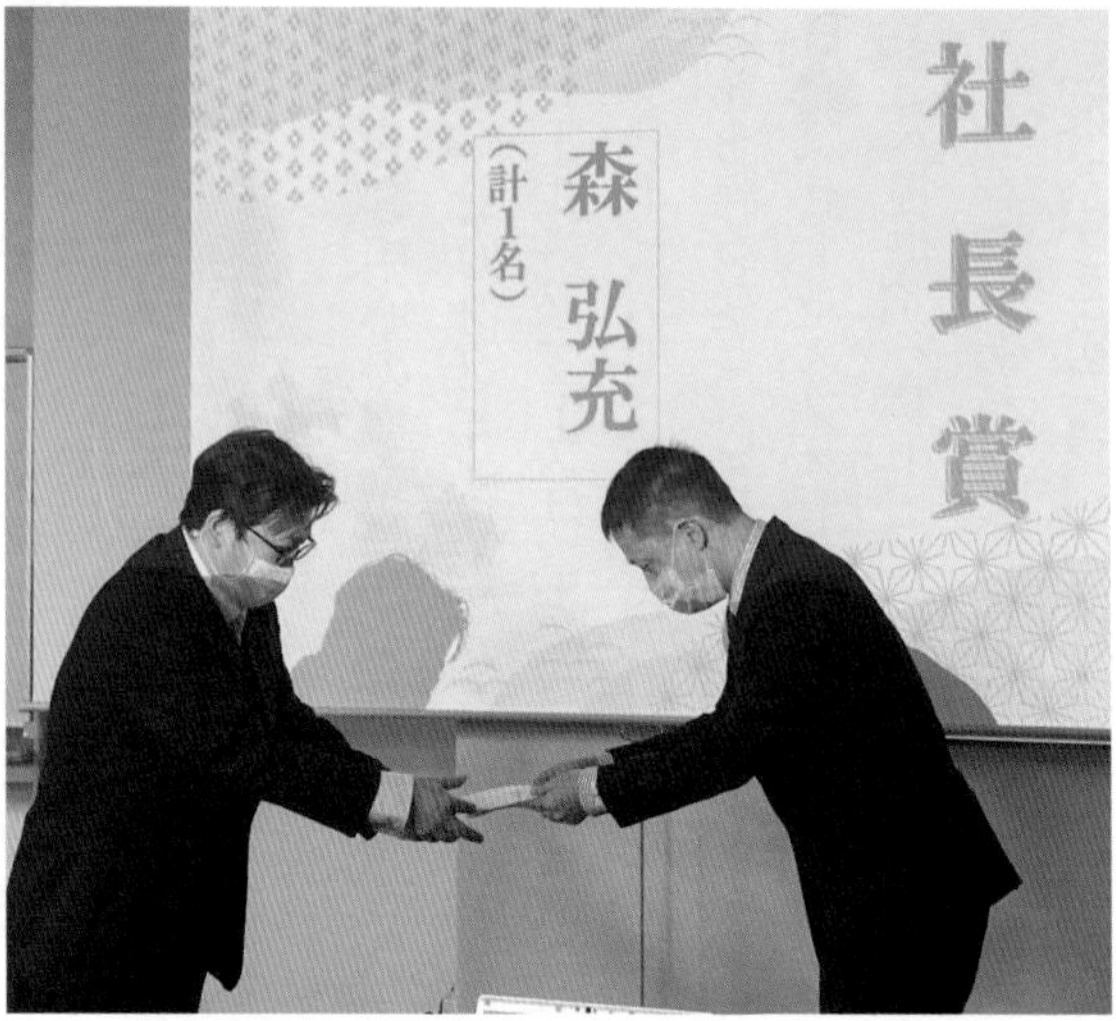

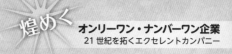

仕事の成績優秀者には社長賞が贈られる

「今後さらに人材の確保・育成に大きな力を注いでいく方針」（大田代表）

2022年から新人スタッフ向けの研修プログラムを導入

日発株式会社

日発グループは2023年2月現在で、155人のスタッフが在籍している。大田代表は、「2022年は初めて新卒採用を実施するなど、50名程新たな人材を確保しました。2026年には300名程の体制に持っていく予定です」と明確なプランを語る。

創業当時から今まで、一貫して人材を何より重要視してきた大田代表は、今後さらに人材の確保・育成に大きな力を注いでいく方針を固めている。日発の人材採用・育成を一手に手掛ける人事部の日野氏と張氏の両名に、求める人材像や職場環境、育成プロジェクトの全容などを聞いた。

「155人のスタッフのうち、中国人が112名、日本人が38名、その他（ミャンマー、マレーシア、カナダ）で5人という構成になっています。人柄的には皆明るく穏やかな性格のスタッフばかりで、チームワークや連携を大事に日々の業務を行っています」（日野氏）

「ここ数年はコロナの影響で頻度が減りましたが、新年会や忘年会、社員旅行などといった社内イベントはこれまで大々的に行ってきました。2023年からはまた各種イベントを復活させる予定で、こうした行事を通してスタッフ間の結束力や士気を高めることができればと考えています」（張氏）

2022年4月に複数名の新卒スタッフが加入した日発。この時同時に始めたのが、新人研修プログラムだ。

「弊社と協業関係にあるパートナー企業が実施する新人研修をおよそ2ヵ月受けて貰います。講師はベテランエンジニアが揃い、実践向けの研修となっています」という日野氏はさらに、「知識や技術の習得とともに、チームワークや連携の大切さも学んで頂きます。チームワークは弊社の業務に欠かせない要素ですから」とも。

人事部において新人社員のフォローを徹底
「求めているのはやる気と向上心、コミュニケーション能力のある人材です」（日野氏）

一方、この研修には1つの懸念もあるという。それが、「帰属意識」だ。「入社後すぐに外部の研修に2ヵ月行くことになるので、日発への愛着というものをどうしても持ってもらいにくい。これに対して弊社人事部は、毎日の日報報告や悩み相談に対応し、新人を一人にしないよう、また不安にさせないよう、毎日コミュニケーションを取り、日発の一社員として働く自覚をしっかり持つようフォローにも力を入れています」（日野氏）

こうして2ヵ月の研修を終えた後は、ついに日発の社員として現場での仕事をスタートさせる。日発初の新卒社員となったスタッフにもおよそ1年間業務に従事して得た感想を伺った。

「サポートが手厚いと感じました。未経験で不安なことだらけでしたが、上司が自ら相談しやすい環境を整えてくれて、一緒に考え、疑問や不安を解消してくれました。また国際色豊かなこともあり、会社にいるだけで海外の文化を体験できるのも魅力でした」（T・S、文学系卒）

「現在は内部設計書の作成に携わっています。外部設計書をもとに、実装すべき機能の仕組みを視覚化し、設計書として仕上げる業務です。今まで学校では触れないような業務システムに携わることができたとき、内部設計書について何も分からない状態から次第にクラス図なども作れるようになるなど、日に日に成長を実感しています」（K・HT、情報系学卒）

初の新卒採用を経験した日野氏は、「2023年の新卒採用から新たな取り組みを始めます。後輩のサポートと先輩・後輩の絆づくりを目的に、２０２２年卒のスタッフが1年間、２０２３年卒の1年下の後輩のそばについてサポートや相談に乗るような制度を計画しています」と語る。

新人に、思う存分持てる力や才能を発揮してもらうための環境づくりを、毎日試行錯誤する日発人事部。「弊社が人材を採用する上で重視しているのはやる気と向上心、そしてコミュニケーション能力です。弊社には年に2回昇給制度がありますが、給与体系は年功序列ではなく、完全な実力主義です。キャリアに関係なく、仕事の成果さえあがれば、新人でも際限なく給料が上がっていく仕組みになっていますので、勉強を続けて自分を高めながら頑張り続けられるような、そういう人材に入ってきて頂きたいですね。またコミュニケーション能力も重視していることから、面接においては技術力の他に、その方の〝人間力〟も見させて頂いています」（日野氏）

社宅を完備するなど、福利厚生もますます充実
「上場、100年、200年続く魅力ある企業に育てあげていきたい」（大田代表）

２０１８年に5億円程だった売上が２０２２年には13億円を超えるなど、急成長を続けている日発。

成長を支えるスタッフに力を発揮してもらうため、日発は福利厚生も充実させ、社会保険完備や育児休業、誕生日祝い金、資格取得支援制度を導入。そして２０２１年には社員寮を完備するなど、ますます力を入れている。大田代表は、「お客様からの〝信用〟を第一に、会社の財産である〝人

コロナ前は社員旅行を実施（うどん作り体験）

材〟と現場で高い評価を受ける〝技術〟を大切にして、今後もブランド力を高めながら、上場。そして100年、200年と続く魅力ある企業に育てあげていきたい」と瞳を輝かせる。

2019年末から続くコロナ禍により、自粛していた社内イベントを2023年から復活させる予定の日発。2023年1月には感染対策を施した中で、新年会が開催された。その中で大田代表は、「創立10周年を経た今、皆さんの働きのおかげで売上、人員ともに当社は着実に発展・成長を遂げてきました。今後も、技術力及び日本語力の強化と、技術部門と営業部門とが一体となった営業力の強化を図ります。そして社員全員が、心身ともに健康に留意し、元気で業務に取り組むことをお願いします」とスタッフに語りかけた。

新たな人材を受け入れる体制をしっかり整え、クライアントのニーズを的確にとらえた良質なサービスを提供し、今後も右肩上がりの成長曲線を描いていく。

President Profile

大田　明寛（おおた・あきひろ）

昭和 51 年生まれ。福建省大田県出身。
東京都立産業技術大学院大学情報システム専攻修士。平成 18 年 4 月 WEB 系ソフトウェア開発を開始。平成 24 年 1 月、日発設立、代表取締役社長に就任。

Corporate Information

日発株式会社

HIHATU

所在地

〈本　社〉〒 167-0051　東京都杉並区荻窪 5-26-13　Daiwa 荻窪ビル 7F
TEL 03-5941-9855　FAX 03-5941-9856
〈開発センター〉〒 167-0052　東京都杉並区南荻窪 4-29-10　田丸ビル 3F
〈HIHATUSOFT 株式会社〉〒 167-0052　東京都杉並区南荻窪 4-29-10　田丸ビル 3F
〈日発教育センター株式会社〉〒 167-0052　東京都杉並区南荻窪 4-29-10 田丸ビル 3F
TEL・FAX 03-6874-9764
〈可用（厦門）網絡科技有限公司〉
〒 361-004 （中国）厦门市思明区前埔南区文兴东一里 21 号 305 室
〈社宅〉
・日発貫井南町ビル（2DK × 4 戸）、日発貫井南町コーポ（1K × 6 戸、1DK × 2 戸）、日発貫井南町ハウス（7LDDK × 1 戸）〒 184-0014　東京都小金井市貫井南町 3 丁目 17 番 23 号
・日発東中神ビル（2DK × 7 戸）〒 196-0034　東京都昭島市玉川町 3 丁目 10 番 1 号

設　立

平成 24 年 1 月 19 日

資本金	従業員数
4,000 万円	170 名（令和 5 年 4 月現在）

事業内容

システムインテグレーション、各種ソフトウェアの設計・開発・運用・受託・販売、
各種クラウド・サーバ・ネットワークの設計・構築・運用保守、
プロダクト事業、その他関連分野のサービス事業

代表挨拶

弊社は、お客様から受注した数多くの案件を通して培ったシステム開発、ネットワーク構築、プロジェクトマネージメント等の技術をベースに、さらに発展させ、IT の進化に後れをとることなくソリューションを提供し続けることで、社会の発展に貢献します。

お客様のベストパートナーとなるため、社員一丸となって、社名である「日発：日々発展」する企業を目指して参ります。

今後ともお引き立てをいただき、より一層のご愛顧を賜りますようお願い申し上げます。

https://www.hihatu.com

ポジティブ心理学で、長所を最大限に引き出すキャリアコンサルタント

強みを活かし、自分〝らしく〟生きられるようサポート

株式会社ラシク

代表取締役 **黒野　正和**

仕事で思い悩む人を
１人でも救いたい

Excellent Company
Only One & Number One Enterprise

京都市中京区にある株式会社ラシクは、企業や個人向けにポジティブ心理学を伝えるセミナーを開講している。ポジティブ心理学とは、幸せについて研究された学問だ。元アメリカ心理学会会長が立てたテーマで、20数年の歴史をもつ。「幸せを追い求める人は幸せになれない」という研究結果を元に、幸せになるためにはどうすればいいのか、幸せな人はどんなことをやっているから幸せなのかを追究している。科学的に証明されているため、それらを実践していけば効果が得られるという。

「良い人間関係を築けていると感じる人や、無我夢中に打ち込めるものがある人は幸福度が高いです。仕事でも人生でも、やっていることに意味や意義、目的をしっかりと持っている人、また他者評価を気にせず、自分基準で物事を考えられる人は幸福度が高くなります」

こう詳しく説明するのは、株式会社ラシクの代表取締役を務める、黒野正和氏だ。黒野代表に、自身の経歴から会社設立までの経緯、現在の事業内容など、様々なお話を伺った。

仕事が辛く追い込まれることに疑問をもった会社員時代
キャリアコンサルタントの資格を取得し独立

前職は大手企業の会社員として勤めていた黒野代表。年功序列で出世コースが決まっており、将来が見えていることに物足りなさを感じていた。周囲からは、「大手に勤め順風満帆で羨ましい」と言われていたが、他社員たちは覇気がなく、メンタル不調で欠勤する者もいた。黒野代表自身も「しんどい、辛い」が口癖になり、「何の為に働いているのだろう」という想いで仕事を続けていた。

主催したウェルビーイング×合同企業説明会での就活セミナー

また、ニュースを通しては仕事で追い込まれ、命を絶ってしまう人の存在も知る。

「きっとこれは氷山の一角に過ぎない、命を絶つまではいかなくても悩み苦しんでいる人は大勢いるに違いない。そんな苦しむ人たちの力になりたいと思うようになりました」

そして黒野代表は、学生や求職者、在職者を対象に職業選択や能力開発に関する相談・助言を行うキャリアコンサルタントという国家資格を知り、取得を目指した。同時に自ら事業を興すべく、退職を願い出た。『もったいない』と皆が口を揃えたが、意志は固かった。

キャリアコンサルタントの資格取得後に黒野代表は、企業への研修を主軸とする株式会社ラシクを立ち上げた。ラシクという社名には、「自分〝らしく〟生きる人を増やしたい」という想いが込められている。

新しい人生を歩み始めた黒野代表だったが、ロールモデルとなる人もおらず経験もコネもなかったため、自ら動き回り有益となる情報を集めた。そんな中でポジティブ心理学に出会い、自身の武器とするため学び習得した。仕事は主に人を相手にして1対1でのカウンセリングや1対多数で行われるが、黒野代表はコミュニケーションが得意でなく会話も苦手だった。それを克服するべくコミュニケーションのセミナーを受講するなどしてスキルを磨いた。

「大勢の前での研修も、最初の頃は用意したことしか話せませんでしたが、練習や回数を重ねることによってリピートをいただけるようになりました」

その後、知人からの紹介で若者への再就職支援の講師を担当できることになり、企業研修も紹介してもらえるようになるなど、徐々に幅が広がっていった。

企業研修、就職支援、オンラインスクールの3つの柱を展開
人間の本来あるべき姿を伝え幸福度を高めている

株式会社ラシクの事業は、大きく分けて3つの柱がある。1つ目は企業研修。あらゆる企業へSDGsやチームビルディング、コミュニケーション、リーダー育成の研修を行っている。2つ目は就職支援。労働局など公的機関事業の再就職の研修。大学からの受注もあり、大学生へのキャリアデザインの授業も受け持っている。

そして3つ目はラシクアカデミー。個人向けのオンラインスクールで、業種問わず考え方や働く意味を考え、人間の本来あるべき姿を伝えている。また幸福度を高めるため、就寝前にその日の出来事の中から3つの良いことを思い出して書き出すワークも行うなど、幸せになるために科学的に証明されていることを意図的にやっていくというものだ。ラシクアカデミーの受講生は年齢や職業など様々で、受講生の紹介で次期生として受講する者もいる。

「精神的に落ち込んでいた生徒さんが、受講の度に笑顔が増えていくと嬉しいですね」と、黒野代

表のキャリアコンサルタント仲間や研修講師も、自分をさらに成長させたいとの想いで受講することもあるという。

褒められることの大切さに気付き、経営陣の価値観に変化
CAN・WILL・MUSTの3つの重なりを大切に、多くのアイディアが生まれる

黒野代表は、印刷業界で166人規模の、ある中小企業から依頼を受け、1年かけてSDGsの研修を行った。当初は社員と経営陣の間に深い溝があったという。

「社員たちはSDGsが良いことだと認識はしていましたが、経営陣がどこまで本気で取り組めるのかあまり期待していないようでした。社員たちも他人事になっていると感じました」

研修ではSDGsのノウハウだけでなく、「どうやったらワクワク働けるのか」などポジティブ心理学の要素も入れた。研修が進むにつれ、社員の意識が変わりコミュニケーションは活発になっていった。さらに研修において、自分の強み、周りの強みは何か?といったポジティブフィードバックも活発に行った。こうした、「良いところを見つけて褒め合うこと」は、社内になく大切な事だと感じる社員もいたが、『経営陣が変わらないことには…』と諦めもあった。すると経営陣の1人から、『今までの自分のやり方は間違っていた。できていないところばかりを指摘し、それが指導だと思い込んでいた』との声が上がり、社員はどよめいた。ダメな部分の指摘が指導と思っていた経営陣が、褒めることの大切さを黒野代表の研修を通して気付いたのだ。

株式会社ラシク

ポスター展の展示物と配布されたスケジュール帳とドリップコーヒー

「そのあとの経営会議で、『ポジティブフィードバックをやっていく』と経営陣から宣言がありました。これまでの〝指摘の仕合いで戦々恐々とした経営会議〟が、笑顔溢れる和やかなものになりました」

社内の雰囲気が変わることで、社員一人ひとりから意見が活発に出るようになってきた中で、黒野代表は、「CAN・WILL・MUSTの3つの重なりが重要」だということを伝えた。「CANはできること・強み。WILLはやりたいこと・想い。MUSTは求められていること。この3つを重ね、企業理念の枠組みの中でやりたいことやできることをやっていけば、会社からも評価をされます」

会議の中で、社員から、『SDGsの社会課題を自社の強みを使ってできるのでは?』、『これとこれを組み合わせると良いのでは?』などと次々に意見が出た。

「社員と経営陣に溝がある時は意見も出にくかったですが、私の研修を経て社員から多くのアイディアが沸き起こりました。何を言っても受け入れてもらえる安心感もあったのでしょう」

ある1人の社員からは、『コロナ禍により叶わなかった100周年の創業祭を行いたい』と希望があがった。他にも、『自分の子どもに職場を見せたい』、『カフェをやりたい』、『在庫紙をなんとかしたい』など、様々な意見が出た。

「一見カフェは印刷会社とあまり関係がないように思うかも知れませんが、印刷を通して人と人を繋げるという理念のある会社なので、カフェは人と人を繋げる場になり軸はぶれていません」

2022年8月。社員からの意見をいくつも叶える「ポスター展」が開催された。廃校のシェアオフィスを借り切り、これまでの会社の軌跡として過去に印刷したパネルを持ち込み展示。地域のコーヒーショップと連携しオリジナルブレンドのドリップコーヒーを作り、パッケージの印刷は自社で行った。そして在庫紙はスケジュール帳として生まれ変わった。オリジナルコーヒーとスケジュール帳は来場者全員に配られた。「ポスター展には社員が家族を連れて来場していました。家族に自慢できる会社であることは素晴らしいと思います」

社員の意見が大いに反映されたポスター展が実現したことで、その後も社員全員が積極的に意見を出せるようになった。以前は経営陣の目を気にして内に秘めている意見が言いづらかったが、今ではやりたいことの実現を目指して生き生きと働く社員が続出している。

考え方を少し変えるだけで生き方が変わる
ポジティブフィードバックで自分にできることを発見し自信につながる

「仕事って、つらい。」ではなく、「仕事って、楽しい！」と誰もが言える社会の実現を、ラシクの事業を通して目指す黒野代表。ある時の就職支援の場で、幼少から親に認められず自信をなくしていた受講者がポジティブフィードバックによって自分にできることをたくさん見つけた。『自分にも役に立てることがある、自分は生きていてもいいのですね』と涙ながらに感謝された。辛い人生を送ってきたこの受講者の役に立つことができ、「希望を感じてもらえて良かった、この人に届いて良かったと思いました」と黒野代表。

黒野代表が提供する講座は、回を重ねるごとに、受講者の表情が変わっていき、出てくる言葉もポジティブフィードバックが無意識に出るようになっていく。

『生きるのが楽になった』と、よく言って頂けます。考え方を少し変えるだけで、人生の景色が変わります。ネガティブでもいいのです。それを認めたうえでポジティブも意識していきます。苦手を克服するより強みを伸ばす方が効率もいいです。誰かに言われたわけでもないのに、自分で自分を厳しくしている人も少なくありません」

やらねばならないと自分で決めてしまっていることによって、この制限が息苦しく、縛られているような感覚に陥る。黒野代表は「『まあいいか』と自分を許すことはとても大事です」と話す。

つながりを大切に、学び続けられる場を提供
独立を後押しし、事業を軌道に乗せるところまでを支援

黒野代表は今後の展望として、「今の事業を継続・発展していくことを目指しています」と話す。特に企業研修は前述のケースにあるように成果を感じており、今後も生き生きと働く社員を増やし

オンラインで行っているポジティブ心理学講座

ていく所存だ。ラシクアカデミーも益々受講生を増やし、学び続けられるコミュニティを育てていく。1期3～4カ月、計15回のラシクアカデミーだが、卒業後は、希望者に有料のオンラインサロンを設けている。このオンラインサロンは、自分〝らしくある〟よう、「ラシカル」とネーミングし、受講者同士の繋がりを大事にしている。

また黒野代表は、現在経営者の卵を助ける起業支援にも力を入れている。やりたい事へ一歩踏み出せるように、独立し事業を軌道に乗せるところまで支援を行う。「キャリアコンサルタントの究極とも言えるかなと。その人の想いを引き出し、唯一無二の強みを活かすサポートができれば」と力を込める。

多忙な日々を送るが、「趣味は仕事。好きなことも仕事」だという黒野代表。ポジティブ心理学を伝えるためには自身のメンタルが整っている必要があるだろう。自身のセミナーによって顧客の笑顔を見ることができ、それがまた仕事の原動力になっているという。

「ポジティブ心理学に出会って、人からどう思われたいかよりも自分がどう生きたいのか、自分にとっての幸せは何かを大事にするようになりました」と笑顔を見せる。

「たとえ99人に理解されなくても、たった1人でも届くなら意味がある」という想いを胸に、黒野代表はこれからも自分らしく生きる人を支援していく。

President Profile

黒野　正和（くろの・まさかず）

昭和 53 年生まれ。京都府出身。
関西大学社会学部卒業。
平成 29 年、キャリアコンサルタント資格取得。
同年、LACIQUE を創立。
令和 3 年、株式会社ラシク創立。

Corporate Information

株式会社ラシク

Life & Career Consulting LACIQUE ライフ&キャリアコンサルティング ラシク

所在地
〒 604-8221　京都市中京区錦小路通室町西入天神山町 280 番地 石勘ビル 5F 26 号室 TEL 075-254-7667
設　立
令和 3 年（創業 平成 29 年）
資本金
300 万円
事業内容
企業研修、就職支援、起業支援、ラシクアカデミー
理　念
自分の強みを活かして、ありのままの自分で楽しく幸せに生きる。

https://www.lacique.com

ラシクアカデミーのポジティブ心理学講座

食べる〝わくわく〟を世界中に

社員の成長が会社の発展につながる環境づくりで100年以上続く企業へ

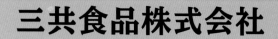

三共食品株式会社

代表取締役 **中村　俊之**

食を通して
世界中の人を
楽しませて幸せにする
というのが
我々の使命です

Excellent Company
Only One & Number One Enterprise

三共食品株式会社は、愛知県豊橋市に本社を置く食品加工会社だ。創業当初から、食品に欠かせないうまみ成分の素であるエキスやインスタント食品などに使われる乾燥野菜などを製造する調味料メーカーとして活動している。大手企業を含めた多くの食品会社と取引しており、スーパーやコンビニなどに並ぶ加工食品に同社が手がけた商品が多数使用されている。また、近年では先述の調味料事業に加え、レストランなどの外食産業やレトルト食品等の中食、給食産業に向けた業務用食品を製造する外食事業も行っており、活躍の場は年々拡大している。コロナ禍にあっても業績は右肩上がりだ。

安定した収益を生み出す調味料事業と、新たな市場を開拓していく外食事業を軸に成長を続ける三共食品。その背景には、中村俊之代表取締役による、成長し続ける企業となるための取り組みがあった。

「企業の成長は社員の成長です。社員が能動的に働き、成長していくことが、会社の発展となるような社内環境づくりを行っています」

そう語る中村代表にこれまでの歩みや現状、今後の展望など様々なお話を伺った。

飲食店を何軒も回って営業活動を続けた日々
外食事業の成功が先代に評価され、代表取締役就任へ

三共食品の歴史は、先代である中村代表の父が1975年に創業したことから始まる。先代は食品科学系の技術者だったこともあり、創業当時は自社で調味料の製造を行い、代理店を通して食品

メーカーへ製品を販売していた。

「最初は父がつくったこの会社を継ぐ気は全くありませんでしたし、父も、『自由にしたらいい』という考え方でした」と中村代表。

そうして別の食品卸会社に就職した中村代表が、三共食品に入社するきっかけとなったのは、1996年に先代がアンテナショップ型のレストランを始めたことだ。その運営を任されたのが、当時就職していた会社でレストラン運営の経験を積んでいた中村代表だった。レストランは自社製品の宣伝と社員研修を兼ねており、もともと採算を見込んだものではなかったため、後に閉業することとなるが、中村代表にとってはものづくりの大変さを学ぶ貴重な経験になったという。

レストラン閉業後、中村代表が配属されたのは、飲食店や学校給食向け商品を開発する、現在の外食事業の原形となった新規事業の部署だった。しかし、開設されたばかりの部署だったことから、飲食店のニーズが分からず、自社の営業担当もいなかった。そこで、リサーチのために中村代表は地元の飲食店を回って営業活動を行うことにした。

「多い時は1日に20軒回りました。営業を続けるうちに、飲食店側からこういう商品は作れないか、という相談をいただくようになりました。人とコミュニケーションを取りながら、色々なものをゼロからイチにしていくというのはとても楽しい仕事でした」

地道な営業活動で飲食店や卸会社とのネットワークを構築していき、飲食店のニーズに合わせた商品を次々開発していく中村代表。

そんな中、ヒット商品が生まれる。業務用の食べるラー油だ。2010年頃、日本で大流行していた食べるラー油だが、固体と液体がバランスよく混ざった状態で業務用の大型の袋に充填するのは技術的に難しかった。しかし、三共食品は長年培ってきた乾燥調味料の技術と機械の改良により、商品化に成功。三共食品の地位を一気に押し上げる要因となった。

昔からの既存取引先への販売がメイン事業だった三共食品に、外部と積極的に関わりを持ちながら新たな商品を開発していく外食事業がもう1つの柱として加わった。先代は、中村代表の入社以来の姿勢や仕事ぶりから、三共食品を任せられると判断。2015年に先代からバトンを受けて代表取締役へと就任する。

トップダウンの職場から何でも言い合えるオープンなオフィスへ 会社の根底は人、社員のモチベーションアップが会社の成長につながる

創業当初からの調味料事業を続けながら、2015年頃から外食事業にも力を入れ始めた三共食品。先代が2019年に他界するなど、環境が大きく変わっていく中で、中村代表が取り組んだのは社風改革だった。

「会社の創業時は、創業者が指示を出して、スタッフがそれに従っていくというのが一般的だと思います。しかし、私が代表取締役に就任したころには会社の規模も大きくなり、一人で会社の舵取りをするのは難しいのが現状でした。父が残した組織の良い部分は残しつつ、私なりのやり方で会社の将来性を考えながら社風を変えていくことにしたのです。会社のトップが出した指示に従って仕事をやり遂げることが評価される会社ではなく、社員一人ひとりが能動的に考え、行動することが評価される会社にしたいと思いました」

休憩スペースや商談に活用される
遊びゴコロいっぱいの社員食堂

中村代表は自分の理想を実現するために、何でも言い合えるオープンな雰囲気づくりが必要だと考えた。そこで行ったのが本社オフィスのリノベーションだ。社員たちが多くの時間を過ごすことになるオフィスと社員食堂を、カフェのように明るく話しやすい内装へと大幅に変更したのである。さらに、オフィス内を仕切っていた壁をなくして空間を広げ、中村代表を含めた社員の服装も、スーツや事務服を撤廃してオフィスカジュアルにすることで、従来の事務所然とした空間をオープンな環境へと一新させた。

オフィスが目に見えて変化したことは、社員たちに大きな影響を与えた。もともと三共食品では、部署間のコミュニケーションが希薄な面があったが、開けたオフィスに変わってからは、活発にコミュニケーションを取り合うようになったという。また、それまではなかなか出にくかった業務改善案も度々出し合うようになり、誰もが発言しやすいオフィス環境へと変貌したのである。社員たちのモチベーションも上がり、本社に訪れる取引先からは、『社員の顔つきが明るくなった』と言われることも。そして、同時に会社の売り上げも右肩上がりになっていった。

「最初の頃はオフィスのリノベーションよりも新しい機械の導入をした方がいいんじゃないかといった意見もありました。確かに瞬間的な生産性は上がるかもしれませんが、会社の根底にあるのは社員、すなわち人です。自分の意見を発信していい環境なんだという認識が浸透していくことで、社員のモチベーションがアップし、それが仕事に活かされることで、結果的に会社の成長に繋がっていきました」

父が残した「食のテーマパーク」構想に組み込んだ「みんながしあわせになるしくみ」
三共食品に関わる全ての人を幸せにしたい

「食べる〝わくわく〟を世界中に」をコンセプトに企業活動を続ける三共食品では、〝わくわく〟を人々に届けるために、自社を「食のテーマパーク」と位置づけている。その考えは先代から受け継いだものだった。

「父は自社の調味料を使った色々なものが食べられる、本当のテーマパークのようなものを構想していました。私が三共食品に入社するきっかけとなったアンテナショップ型のレストランもその構想の一環でした」

中村代表は先代の考えをさらに進め、三共食品という企業の存在を「食のテーマパーク」と捉えているという。

「社員や仕入れ先、販売先、商品、サービス、企画といった三共食品に関わるもの全てが『食のテーマパーク』を構成していると考えています。構成要素の一つひとつはパズルのピースのようなもので、1つとして欠けてはならないのです。また、私は社員に対して、仕入れ先と販売先のどちらが偉いかということは絶対に言いません。仕入れ先、販売先、三共食品の三者で手を取り合って歩まないと会社は成り立たないと思うからです。三共食品に関わる全てが一丸となって、商品を口にする、あるいはサービスを利用するお客様を笑顔にし、幸せにするのです」

「食べる〝わくわく〟を世界中に」という企業コンセプトを、三共食品単独ではなく取引先にまで押し広げた「食のテーマパーク」構想。中村代表はさらにその中に「みんながしあわせになるしくみ」という会社の成長を促す理論を組み込んでいる。

「三大事業である調味料事業と外食事業を通じて、会社の収益を生み出し、福利厚生や給与で社員に利益を還元します。そうすることで、社員のモチベーション向上につながり、個人個人の成長につながります。オフィスのリノベーションの話にも通じますが、会社の成長は社員の成長です。三共食品で働くことで自分の成長につながるということが、この会社で働こうと考える人たちが集まることにつながり、正のスパイラルが生まれて会社はさらに成長していきます」

社内打ち合わせや商談で活用される
お洒落なミーティングルーム

先代が残した「食のテーマパーク」構想には、今では中村代表の三共食品に関わる全てを幸せにするための考えが詰まっているのだ。

創業当初から活動してきた豊橋市への恩返し
ビーチクリーン活動とキッチンカー事業で地域貢献

創業当初から愛知県・豊橋市で活動してきた三共食品は、これまでも地元の小学校に向けた食育の授業などで地域貢献を果たしてきた。しかし、中村代表は豊橋市への貢献がまだまだ足りないと考えていた。そこで着手したのが、地元海岸のビーチクリーン活動だ。

「月に一回、就業中の8時から9時に有志の社員たちで表浜海岸のごみ拾いを行っています。だいたい社員の四分の一ほどが参加してくれています」

遠州灘に面した表浜海岸は、絶滅危惧種に指定されているアカウミガメの産卵場所としても有名だ。アカウミガメにとって障害となり得る捨てられた釣り糸やごみを拾い、環境の保全に取り組んでいる。

また、三共食品では食品加工会社として豊橋市に貢献するために、地元でとれる食材を使った「豊橋チキンカレー」を製造し、道の駅での販売やキッチンカーを使ったPR活動を行っている。

「豊橋市でとれた食材でこんなにおいしいものがつくれるということを知ってもらいたくて、利益などは関係なく始めました。キッチンカーは豊橋市近郊を中心とした東三河地域で営業していますが、西三河地域や名古屋などの尾張地域に行くこともあり、販売エリアは徐々に広がっています」

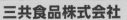

食品業界の枠にとらわれない発想で新たなものを作り上げていく

100年以上続く企業を目指して

豊橋で採れた新鮮な食材を
豊富に使用した三共食品オリジナルの
「豊橋チキンカレー」

50年近い歴史の中で培った技術を活かした調味料事業と、社内で活発に意見交換をしながら食品業界のニーズに合わせて商品をつくる外食事業の２つを柱とする三共食品。社員の成長、強いては会社の成長を生み出す環境を整え、自社に関わる全てを幸せにすることを目標に挑戦し続ける中村代表に今後の展望について伺った。

「これからはＥＣサイトも自社で立ち上げて、自社ブランドにも力を入れていきたいです。また、食品業界の枠にとらわれない発想を取り入れて、三共食品という会社はこんな面白いことをやっているのかと思われるようなことに取り組みたいと思っています。例えば、キッチンカー事業は食品メーカーがあまりやることではないですし、常識を壊しながら新しいものをつくり上げたいです。その他にも、海外進出や果ては宇宙（笑）への進出と、自分たちの商品を広げ、食を通して世界中の人を楽しませて幸せにするという我々の使命を、もっと形にしたいです。そして、三共食品を１００年以上続く会社にしていきます」

これからも飛躍し続ける企業になるため、中村俊之代表の飽くなき挑戦は続く。

President Profile

中村　俊之（なかむら・としゆき）

昭和 47 年生まれ。愛知県出身。
平成 8 年、三共食品株式会社入社。
平成 27 年、代表取締役に就任。
趣味はサーフィン。

Corporate Information

三共食品株式会社

三共食品株式会社
SANKYŌ FOODS CO.,LTD.

所在地	
〒441-3301 愛知県豊橋市老津町字後田 25-1 TEL 0532-23-2361　FAX 0532-23-2370	
設　立	
昭和 50 年 12 月（創立 昭和 39 年 10 月）	
資本金	従業員数
4,400 万円	133 名
事業内容	
天然調味料エキス、オイルフレーバー、乾燥野菜、乾燥食品の企画・製造 産業用食品の企画・製造	
理　念	
「食べる〝わくわく〟を世界中に」	

https://sankyofoods.co.jp

世界初の骨伝導技術を駆使して世界に幸せを届ける事業を展開

bone phone®（骨伝導イヤホン）で全ての人と音の関係を良好に

BoCo株式会社

代表取締役社長　**謝　端明**

骨伝導を通して、世界中全ての人と音の関係を良くしていくという目標に向かってこれからも挑戦し続けていきます

Excellent Company
Only One & Number One Enterprise

骨伝導イヤホンをご存知だろうか。通常のイヤホンは鼓膜を通して音を聴くのに対し、骨伝導は骨を通して音を聴く。鼓膜から音を聴くことが長年当たり前だった者が骨伝導を体験。すると、音楽を聴きながら会話ができて、音楽を聴きながら環境音が感じられる。全く違和感なく同時に聞き分けられる初めての感覚。素直に出てきた感情は、感動、新鮮、快適の3つ。これらの感情が一気に押し寄せ、思わず笑みがこぼれる。

そんな、ワクワクするような未知の体験をさせてくれたのは、世界中の骨伝導イヤホンメーカーの中でも群を抜くクオリティの製品を製造するＢｏＣｏ株式会社の代表取締役社長、謝端明氏だ。

「現在は弊社独自の骨伝導技術を活かした音楽用、会話用イヤホンを主に製造・販売していますが、もっと色んな分野に応用できるものであることは間違いありません。骨伝導を通して、世界中全ての人と音の関係を良くしていくという目標に向かってこれからも挑戦し続けていきます」

こう力強く話す謝代表に、ＢｏＣｏ設立の経緯や骨伝導技術にかける想い、今後の展開など、多忙な合間を縫って様々なお話を伺った。

ＷＨＯが発した世界的難聴リスクを機に骨伝導技術に着目

ＢｏＣｏを創業。世界初の骨伝導デバイスの開発と量産に成功

「弊社の製品はイヤホンではなく、正式にはｂｏｎｅ ｐｈｏｎｅ®。耳からではなく、骨から音を聴いていますからね。既存のイヤホンと根本的に音を聴く手段が違うんです」

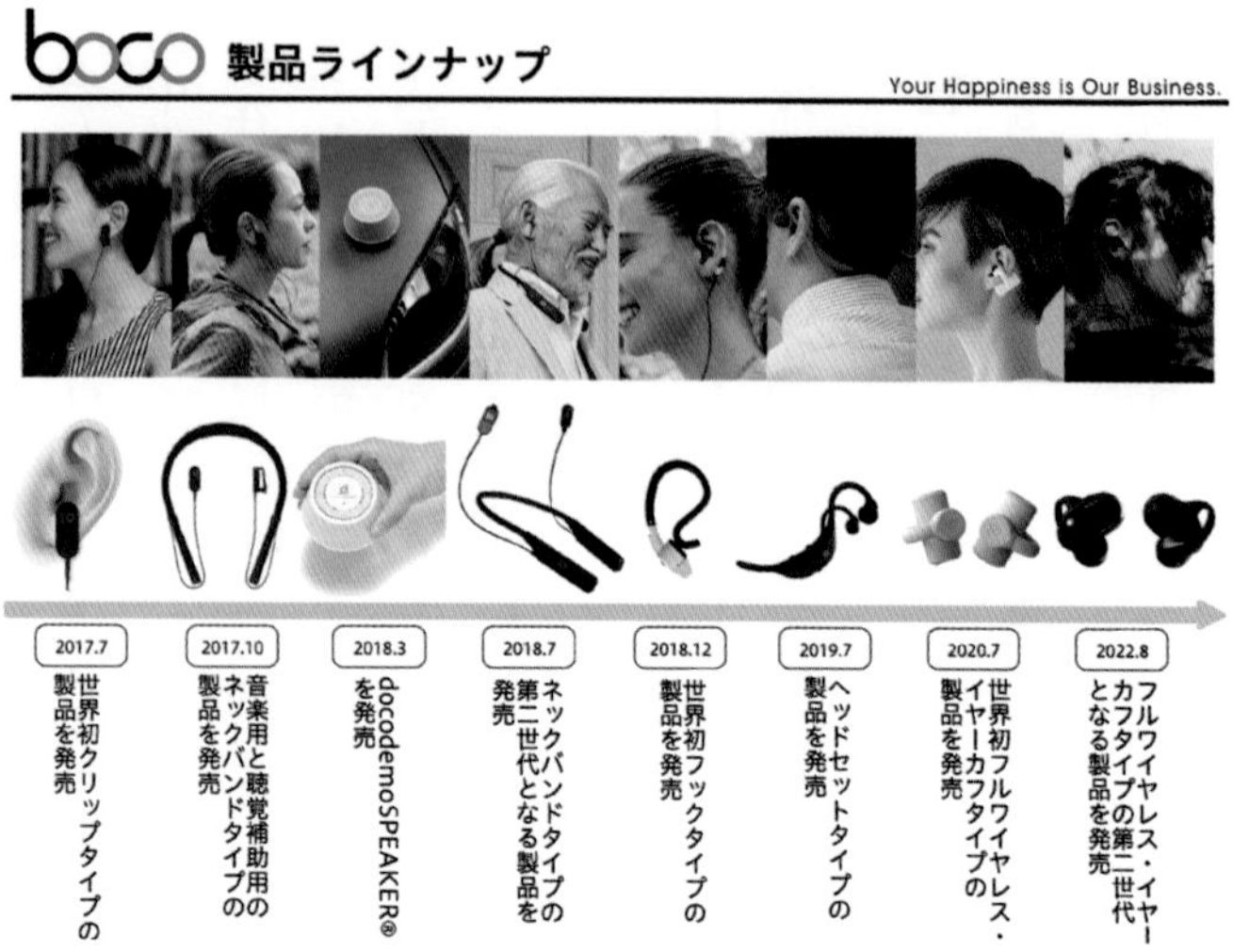

boco 製品ラインナップ
Your Happiness is Our Business.
2017.7
世界初クリップタイプの製品を発売
2017.10
音楽用と聴覚補助用のネックバンドタイプの製品を発売
2018.3
docodemoSPEAKER®を発売
2018.7
ネックバンドタイプの第二世代となる製品を発売
2018.12
世界初フックタイプの製品を発売
2019.7
ヘッドセットタイプの製品を発売
2020.7
世界初フルワイヤレス・イヤーカフタイプの製品を発売
2022.8
フルワイヤレス・イヤーカフタイプの第二世代となる製品を発売

特許取得のコア技術が詰め込まれた製品を次々とリリース

各メーカーから骨伝導イヤホンが販売されている国内市場において、その性能が高い評価を受けてシェアを伸ばしているBoCoの骨伝導イヤホン。こうした現状に対して、「まだまだスタート地点に立ったばかり」と謝代表はさらりと言ってのける。

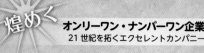

BoCoの創業は2015年（正式な実働開始は2016年）。元々、およそ20年もの間、国内製造メーカーの経営コンサルタントを手掛けていた謝代表は、BoCo創業の経緯を次のように説明する。「製造業には愛着があり、私もいつかは自分でメーカー企業を立ち上げたいという想いがありました。その上で、骨伝導に着目した1つのきっかけは2015年にWHOが発表したファクトシート。調査の結果、先進国と言われる国々の12歳～35歳の若年層、およそ11億人がイヤホンの使い過ぎによる難聴リスクがあることがわかったのです。背景にはスマホの普及が大きな要因にあるようでした」

この世界的課題の解決をはかるべく辿り着いたのが骨伝導だった。「骨伝導技術自体は以前からありましたが、性能的には長年飛躍的な進歩がありませんでした。世の中にない高性能な骨伝導イヤホンを作って普及していけば、健聴者の難聴リスク回避、言い換えれば若者たちの未来の聴覚を守れる役目を担えると考えました」

こうして事業活動を開始した謝代表が、最初に着手したのが構造的な発明と量産化だった。「高性能製品の発明と同時に必要だったのが量産です。例え良いものを作っても量産できなければ事業として成り立ちませんから」

ＢｏＣｏは全くの0から世界初の骨伝導デバイスの開発に成功し、これを量産することのできる、これまた世界で1つしかないオリジナルの完全自動機の開発・稼働を実現させた。「イヤホンに埋め込める程の極小サイズと最大の骨伝導能力を両立させたデバイスは世界初の発明で、他の骨伝導製品との差別化を図るため、純骨伝導®と名付けさせて頂きました」

その後、特許取得のコア技術が詰め込まれた製品がアップデートを繰り返しながら次々と世に送り出され、事業開始から現在まで、順調に販売実績を積み重ねてきた。

鼓膜ではなく骨から音を聴くＢｏＣｏオリジナルの高性能骨伝導イヤホン
独自製品の研究・開発を支える精鋭スタッフが最大の強み

今現在（2023年2月現在）、ＢｏＣｏの扱う製品は大きく分けて2つ。1つは音楽用の骨伝導イヤホンで、もう1つは会話用の骨伝導イヤホン。

音楽用の最新モデルは、2022年にリリースされた完全ワイヤレス骨伝導イヤホン〝ＰＥＡＣＥ ＳＳ－1〟という製品だ。「骨伝導イヤホンをメガネのようにファッショングッズとして身につけて頂

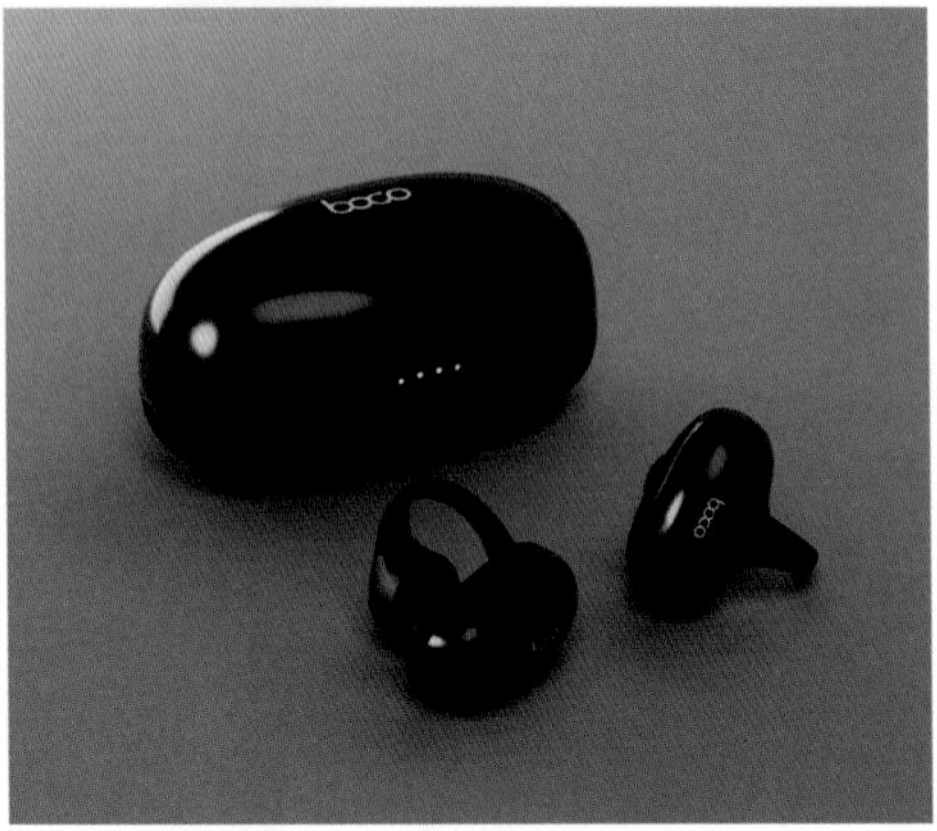

完全ワイヤレス骨伝導イヤホンの
最新モデル「PEACE SS-1」

ければと、コンパクトでファッショナブルなデザインにこだわりました。機能的には耐久性やフィット感、音質全てのクオリティを突き詰めています。耳を塞がず、骨を通して快適に良質な音を聴く、これ以上ない〝ながら聴き〟生活を実現することのできる製品となっています」

通勤・通学、オフィスワーク・リモートワーク、スポーツ・アウトドア、家事・育児と、あらゆるシーンにおいて、外部からの音と骨伝導イヤホンからの音を極めて自然に両立させることができる。「今問題となっている移動中の歩きスマホによる事故リスクもなくなるなど、安心・安全に日々の生活を送りながら、音を楽しむことができます」

そしてもう1つの会話用骨伝導イヤホンは、〝HA-5S CL-1002〟タイプが現行モデルで、優れた集音機能により、人の声や環境音など外部の音を鼓膜ではなく骨伝導でクリアに聴くことのできる製品となっている。「長時間つけていてもストレスを感じず、音のする方向も明瞭にわかる設計になっています。鼓膜に依存していませんので、突発音や衝撃音も気になることはありません」

さらにこうした主力製品の他、2018年には〝docodemoSPEAKER®〟という名の骨伝導技術を活かしたスピーカーもリリース。BoCoの製品バリエーションは年々広がりを見せている。

創業以来、他の追随を許さないオンリーワンの技術・製品を生み出し続けるBoCoだが、これを支えているのは同社の精鋭スタッフ達だ。「当社独自のコアデバイスの研究・開発は、富士通、ソニー、パナソニックといった大手出身のベテランエンジニアスタッフや骨伝導に魅入られた30～40代のやる気に満ちたスタッフ達の日々の試行錯誤と努力に支えられています。この優れた人材が弊社最大の強みといっても過言ではありません」

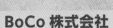

第2の補聴器としても機能するＢｏＣｏの製品。難聴者の救世主に 45年間音を聴いたことのない、ろうあ者に音を届けることに成功

謝代表は、ＢｏＣｏの事業を通して、「若者の難聴リスクの回避」を大きなテーマとして掲げているが、同時にもう1つ掲げるテーマがある。それが、「難聴者への第2の聴覚の提供」だ。「当社の製品は既存補聴器に代わる第2の補聴器としての機能を果たせるクオリティがあります」と謝代表は語る。

現在日本には、およそ1５００万人の難聴者がいるといわれている。これに対して補聴器の所有者は２００万人に満たない。その中で補聴器を実際に使用している人はさらに半分以下というデータもあり、難聴人口に対して補聴器使用人口がおよそ5パーセント程度と圧倒的に少ないのが現状だ。「見た目や機能、値段的な問題から、補聴器がユーザーから受け入れられず、この状態が何十年と続いているのです。当社の製品は、見た目もお洒落で、鼓膜に負担をかけずに骨伝導で音を聴くことができ、既存補聴器に比べ金額もかなり安価です。皆さんがネックと感じている部分を全てカバーしています。当社は鼓膜ではなく、骨という新たなチャネルを用いて、難聴者の方々に音を届けたいと考えています」

実際ＢｏＣｏには、難聴の人々からの喜びの声がいくつも届いている。謝代表に印象的なケースを挙げてもらった。「難聴で十数年間補聴器を使っていて、だんだん補聴器を使っていても聞こえなくなっていた92歳の方に当社の製品をお使い頂いたところ、見事に聞こえるようになり、大変喜ばれ、感謝状まで頂きました」

「17歳の女性の方は、先天性の聴覚障害で生まれつき左耳が全く聞こえないような状態でした。この方にもご縁があって当社の製品をお使い頂くと、左耳で音が聴けたのです。『感動し過ぎて母と二人で泣いた』といったような喜びのメールを頂けました」

「最後はかなり前になりますが、一度だけ当時45歳位のろうあの方（音声言語を獲得する前に失聴した人）に当社の骨伝導イヤホンを使って頂いたことがあります。結論からいうと、この方にも音が届いたのです。45年間音を聴いたことがなく、初めて聴いた音にびっくりして椅子から飛び上がるほどでした」

革命的製品の開発を続け、モノづくり大国日本復活の旗頭に
「日本の製造業を活性化させ、ジャパンブランドを世界に発信していきたい」

将来的な難聴予防だけではなく、前述の事例のような、既に難聴で困っている方へのソリューション的役割も果たすＢｏＣｏの製品。「人類の長い歴史の中で、音を聴く手段はずっと鼓膜でした。

その中で、当社の粋を結集した製品が、骨を鼓膜に代わる第2の聴覚機能へと昇華させることができたのです。当社の製品の誕生は、同時に第2の聴覚の誕生だという風に私は考えています」

世界中見渡しても前例のない、革命的な製品の発明をわずかな期間の中で実現させた謝代表。こうした、自身の活動の原動力となっているのが、モノづくり大国日本の復活と日本経済立て直しという壮大な目標だ。

「日本が世界をリードできる分野は何かを考えたときに、唯一出てくるのがモノづくりだと私は思います。金融、IT、貿易といった分野はまず難しいでしょう。かつてモノづくり大国と呼ばれていた頃は、SONY、Panasonic、本田技研といったようなリーディングカンパニーが次々生まれていましたが、今は製造業界全体が元気がなく熱意もありません。我々は地に落ちつつある日本の製造業界を再び立ち上がらせるために、モノづくりベンチャーとしての自負を持ち、世界が驚くような新たなモノを次々と生み出し、ジャパンブランドを世界に知らしめ、製造業界の復活、その先の日本立国を見据え、事業活動を行っています」

「健聴者も難聴者も皆当たり前にbonephone®をつける文化を作っていきたい」

産業分野への運用の可能性など無限の可能性を秘める骨伝導技術

骨伝導技術を核としたモノづくりに並々ならぬ情熱を注ぐ謝代表に、改めて今後の展望を伺った。

「将来的に、街を歩けば健聴者皆が当たり前に当社のbonephone®をしている風景を作り

聴覚が悪くなれば当たり前のように
bone phone® をつける文化づくりを目指す
BoCo

たいですし、難聴の方々に対しては、視力が悪くなればメガネやコンタクトをつけるのと同じような感覚で、聴覚が悪くなればbone phone®を当たり前のようにつける。そういった新たな文化を生み出していきたいと考えています」

これまでなかった文化を生み出すため、「骨から音を聴くという感覚をまずは一人でも多くの人に体験してもらいたい」と、銀座と羽田空港に試聴と販売を行うboco STOREを運営している。このうち羽田店（羽田エアポート・ガーデン内）は、国土交通省お墨付きの、厳選のジャパンブランドのみ出店が許されるジャパンプロムナード内での営業となっている。

将来を見据え、様々な取り組みを行う謝代表はさらに、「今よりもっと技術力、資金力をつけて世界に打って出ていきたい」という野望も。「当社は骨伝導技術専門メーカーであってイヤホンメーカーではないということもうたっていて、実際に産業分野への運用の可能性など、無限の用途と可能性を秘めています。私の好きな言葉であり、行動指針となっている〝挑戦〟を生涯続けて、当社独自の骨伝導技術を駆使して〝Your Happiness is Our Business〟を実践しながら今後も事業活動を推し進めていきます」

未来への展望を瞳を輝かせて話す謝代表。現状に満足することなく、定めた大きな目標、そして理念に向かって、今後もストイックに挑戦を続けていく。

President Profile

謝　端明（しゃ・はたあき）

中国江南大学電気工学部卒。早稲田大学経営システム工学科修了。

コニカ株式会社（現コニカミノルタ）の生産技術研究センターで4年弱勤務。

その後、アンダーセンコンサルティング（現アクセンチュア）などの経営コンサルティング会社でSCMや生産改革のプロジェクトマネージャーを歴任。

平成27年、BoCo株式会社設立。

Corporate Information

BoCo株式会社

所在地

〈本　社〉 〒104-0028　東京都中央区八重洲2-11-7　一新ビル6F
TEL 03-6225-2079　FAX 03-6225-2069
〈東京工場〉 〒144-0044　東京都大田区本羽田2-12-1　テクノWING308号室
TEL 03-6423-9015
〈boco STORE Ginza〉 〒104-0061　東京都中央区銀座6-12-13　大東銀座ビル1F
TEL 03-5537-3308
〈boco STORE 羽田エアポートガーデン〉
〒144-0041　東京都大田区羽田空港2-7-1　区画番号：210
TEL 03-5579-7103

設　立

平成27年

資本金	従業員数
15億6,981万9,750円（資本準備金含む）	21名

事業内容

純骨伝導技術および製品の研究開発、製造、販売
earsopen®（EO）商品開発、製造、販売

経営理念

Your Happiness is Our Business
これは弊社の製品を通じてお客様に喜びと幸せを届けたい、そしてその結果としてビジネスを営んでいきたいという想いです。経験豊かな起業家が集い、世界初、そして世界最高レベルの〝人々に幸せを与えられる製品〟を創造し続けます。Made in Japanの〝匠の精神〟とMarketing in Globalの〝ベンチャーの行動力〟で、骨伝導領域のエクセレントカンパニーを目指します。

https://boco.co.jp/

真摯な職人気質の精神が顧客の信頼を得る

新しいことに挑戦する積極姿勢が会社の原動力

東信工業株式会社

代表取締役　**山口　裕央**

ひと手間が
すべてを紡ぐ！

Excellent Company
Only One & Number One Enterprise

東信工業株式会社

東信工業株式会社は上下水道のインフラ整備など東京都の公共事業を手掛けている。山口裕央代表の父親が興した会社が前身で、1967年に現在の企業体が設立された。職人気質だった父親の薫陶を受け、山口代表も生真面目で信頼が得られる確かな仕事を信条としている。

コンクリート構造物の耐震補強、上下水道などパイプラインの工事を主力にする同社。特許を持つ工法もあり、小規模ながら得意分野においてシェアをしっかりと確保している。

幅広い仕事を請け負っていた先代の頃から様変わりし、今では展開する事業を集約して専門性と収益性の高い会社組織に生まれ変わっている。新しい企業体に生まれ変わるべく、その陣頭指揮を執ってきたのが山口代表だ。技術の向上と共に市況ニーズの変化をとらえる分析力を活かし、着実に業容を拡大。売り上げは20億円規模にまで成長した。

先代が急逝、27歳にして社長職を継承
思い切って業務を取捨選択、得意分野へ絞り込む

山口代表と東信工業との関係は高校生時代にまで遡る。当時、同級生と一緒に父親が経営していた同社でアルバイトをしていたことがきっかけで、現場に入り土木作業などを手伝っていた。その頃から、「父親の会社に入るつもりでいた」という山口代表。大学卒業後はすぐに東信工業へ入社した。

入社後は現場代理人として、作業員と一緒に土木作業に関わっていた。どの作業にどれくらいの手間がかかるのかなど、実地で体験した事がその後の社長業務にも大いに役立ったようだ。

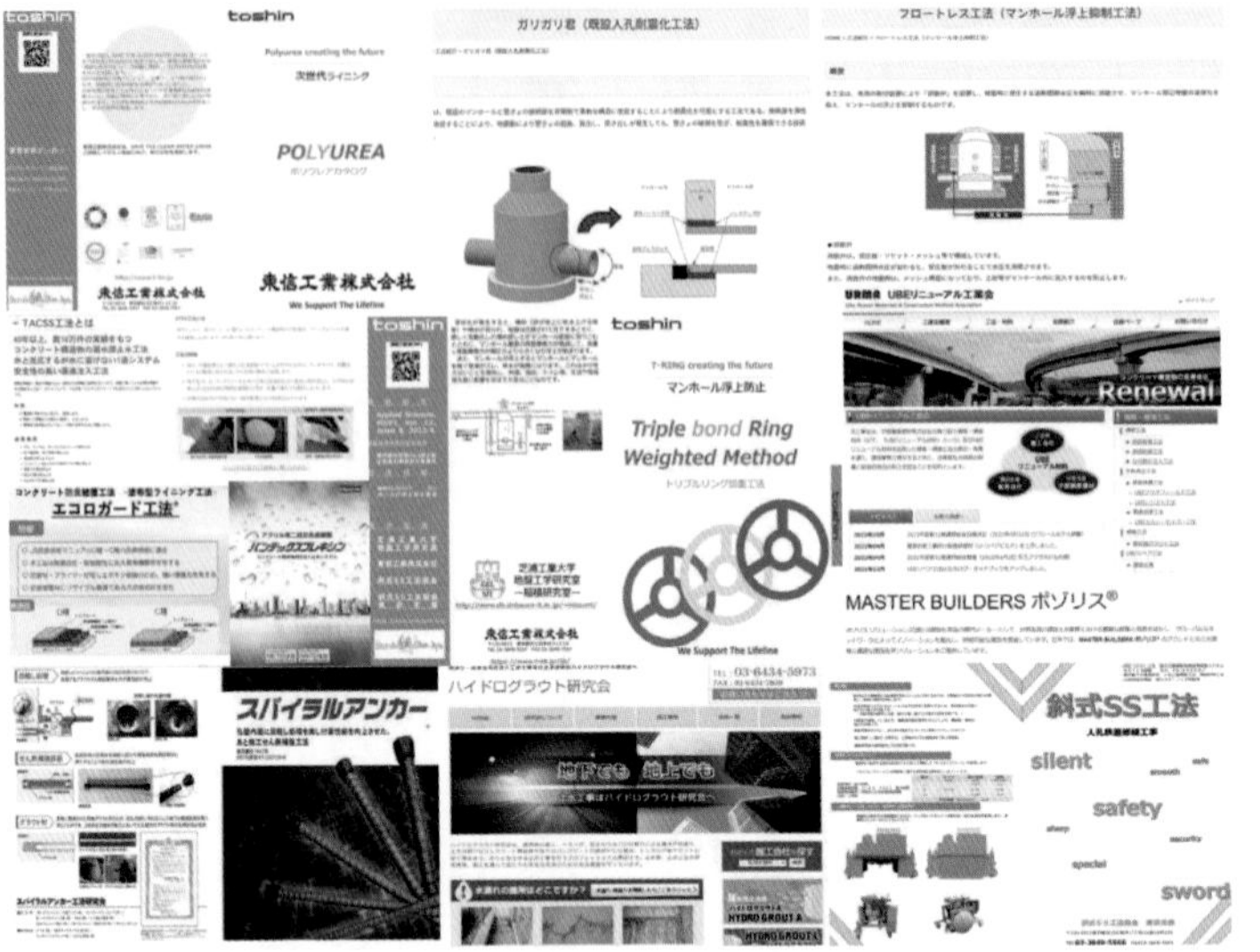

いくつもある東信工業独自の優れた工法

順風満帆に思えたその矢先、山口代表が27歳の時に先代が急逝する。母親が経理を担うなど同族経営だったこともあり、山口代表が社長職を継ぐことになった。準備期間も何もない中、予期せぬ就任だった。「社長が60代ばかりだった当時の業界では、最年少の経営者でした。周囲からは『あそこは潰れるぞ』と言われたものです」

社長就任時の売上高がおよそ6億円。その後、一時的に4億円台まで業績が落ち込んでしまった。先代が手掛けていた幅広い分野にまたがる業務方針の影響で、効率が悪くなっていたためだ。利益も減り赤字に転落してしまった。危機感を覚えた山口代表は思い切って方向転換を決断する。

「これから伸びそうな分野と自社の立ち位置を考え、請け負う仕事を取捨選択して半分以下に減らして効率化を図っていきました。また業界団体の行事にも極力参加し、同業者とも交流するようにして、コネクションを広げていきました」

こうした地道な努力が実り、同社への評価も高まって構築した人脈から新しい仕事が生まれるようにもなっていったという。業務を絞り込んだことで専門性も技術力も向上。収益性も改善し、4億と落ち込んでからわずか数年後には売上規模が10億円をうかがうまでに拡大した。

東信工業株式会社

得意分野はコンクリートの耐震補強とパイプライン工事
マンホールの浮上防止工事など新規事業の開拓も進行中

現在は、コンクリート構造物の耐震補強工事、パイプライン工事の２つをメインに手掛けている。東京都の公共工事において、耐震補強工事がおおよそ12億円の事業規模。パイプライン工事との両輪でおよそ20億円の収益を上げている現状だ。耐震補強工事は上下水道の工事が中心で、コンクリート製の浄水場や下水処理場、環境局の処理施設などが対象になっている。東信工業独自の工法もあるため、やり方によってはさらにシェアを拡大できる可能性があるという。

「伸び代を感じているのが耐震補強工事の分野で、現在はこの分野で都内における市場の約３分の１のシェアを確保しています。この工事では止水、防食などの技術が求められ、従来これらの仕事は別々の企業に発注されていました。しかし行く行くはその発注先が１つに集約されていくだろうと予想し、それを見越して当社では、それぞれ別々の工程を全て自前でフォローできる体制を作っていましたが見事、読みが当たりました」

山口代表の先見の明により、優位性を発揮できた同社はコ

知的財産
特願2008-237510 特開2010-070935
特許4956512
マンホールの突き出し及び浮上の防止構造
特願2009-156810 特開2011-012433
特許5139377
マンホールの浮上防止構造
特願2011-089331 特開2012-219582
防臭式インバートのマンホール及び汚水桝
特願2012-023918 特開2013-159998
特許5514846
簡易覆工板
特願2015-245304 特開2017-111295
特許6175124
埋設物位置表示部材
特願2016-112894 特開2017-217593
舗装道路切断水の処理方法及び処理装置
MDPI 論文掲載
applied sciences
Applicability of Weighting Method as Measure for Existing Manholes against Uplifting during Liquefaction

東信工業の工法は６つの特許を取得している

ンクリート構造物耐震補強分野において、大きなシェアを獲得することに成功し、同分野の先駆者としての地位を確立した。今では、同社に設計協力や見積もり依頼が多く集まってくるようになった。そして今後、東信工業が重点的に強化していこうと考えているのが、「パイプライン工事の中でもマンホールの浮上防止工事」の分野だという。地震などで地盤が液状化するとマンホールが地上へ浮き上がる現象が起きやすくなるが、それを防止する工法だ。この工法は、特許も取得済みの独自技術で、強みを発揮できる分野となっている。

創業者の精神を受け継ぐ生真面目な仕事
ひと手間が仕事の質にも関わる大切な要素

東信工業のこうした他社との差別化がはかれる仕事を支えているのが、経験豊富で高い技術を持ち合わせている社員たちだ。先代が定着させた「手抜きのないしっかりした仕事を提供する」という精神が今も連綿と受け継がれている。

山口代表には印象深い思い出がある。先代の下で現場代理人を務めていた時のエピソードだ。ある時、先代が1週間ほど現場を離れる事があった。ちょうど手間のかかる区画の工程を抱えていた山口代表は、仕事にシビアな先代が不在の間に、これ幸いと効率の良い方法で短期間のうちに工事を完了することができた。帰ってきた先代には、「作業はうまくいった」と伝え、それで事は済んだかにみえた。ところが次の日、先代が重機を持ってきて〝くだん〟の場所を掘り起こしてしまったという。息子の言葉が本当かどうか、実力行使で確かめようとしたわけだ。先代が納得できない工法で仕上げられていたため、山口代表は先代から、「手を抜くな、今後はこんな仕事をするな!」と叱られたそうだ。当時は、「参ったな」という思いが強かったそうだが、振り返ってみると、仕事に対する先代の真摯な姿勢が、現在の仕事の中にも反映されて、プラスに働いていると感じている。

現場では危険な作業が多いため、仕事に臨む社員には常々、「安全に遂行できるよう注意喚起している」と語る山口代表。作業に慣れてくるとつい油断してしまい、「ひと手間を惜しんだところから危険の芽が生まれてくる」からだ。ひと手間が仕事の出来不出来、質にも関わってくる大切な要素だと考えている。安全第一も良い仕事の条件。ここでも、先代の仕事に対する厳しい姿勢や価値観が息づいている。

将来を見据えた人材育成の体制構築も重要課題
関連企業の存続、経営者育成も視野に

優秀な人材を安定して確保することを目的に、現在取り組んでいるのが職業訓練校のような育成環境の整備。すでに、「東信スタイル」と称して、計7カ月の人材育成プログラムを実施中だが、それを更に進化、深掘りしようという試みである。

現在、実施している「東信スタイル」は、研修やOFFJTが1カ月、その後2カ月ごとに配属される現場を替えていき、画一化しない業務経験が積めるように工夫されている。この手法だと、異なる現場で異なる現場監督の下、様々な指導や体験、知識を得ることができる。特定の分野に偏

らないバランスの良い人材を育てる狙いがある。

しかし山口代表はまだ物足りないと考えている。2022年9月、グループ関係に当たる土木工事を担う会社と資機材の販売・リースを手掛ける会社の3社を包括するホールディングス会社を立ち上げたが、その狙いは事業の拡充、多様化のほか、人材育成も含まれている。「職業訓練校の構想には、即戦力を育成する目的があります。現在のスタイルのように現場を経験することも大切ですが、作業の流れを大局的に見る〝現場代理人〟寄りの勉強も必要だと考えています。今まで以上に幅広いスキルを持ち、すぐに現場になじめる人材を育成する狙いがあります」

公共工事という役所相手の仕事では、工程の変更時に多種多様な書類が必要になるケースが多い。こうした作業の一連の流れを経験することで、どの現場に配置されてもすぐに仕事が把握できるようになる。「こういう状況に直面したらこう対処するといった、〝実践的〟な教育、指導を行おうと考えています。工事途中の変更は大変で、書類など精査したものを受注した側が揃えなくてはなりません。そうした作業を追体験させて、現場の流れを理解できるような教育を考えています」

教育に大きな力を注いでいく構えを見せる山口代表は、「将来的には職業訓練校と人材紹介会社、人材を必要としている企業を連携し、業界全体の活性化につながる仕組みを構築したい」という構想も。「跡取りがいない存続の難しい土木会社を引き受けて、再興させることも視野に入れています。社員には比較的、地方出身者が多いのですが、親元の土木会社の後継者難で休眠を余儀なくされたという事例もよく耳にします。私も二代目なので、こうした話は心に刺さる。何とか存続できないかと考えたことも、ホールディングス会社の設立や訓練校の構想につながっています」

このホールディングス会社の設立は人材育成にとどまらず、後継者難や土木企業の存続を解決する目的も含まれているというわけだ。また、「頑張れば誰でも社長になれる可能性がある環境を作ることで、社員のやる気を喚起する事にもつながってくるメリットも生まれます」と山口代表。「将来、社員の親元の会社をM&Aして傘下に置き、経験を積んだ後で社員が社長としてその会社に転属するといったことも可能になるかもしれません」

人材という面ではそのほか、2023年4月から採用する新入社員全員を外国人にするという新しい試みを進めている。すでにアジア人のエンジニア4名が在籍しているが、それをさらに推し進めようという挑戦だ。「言葉の壁は大きいのですが、優秀な志望者の中から6名の採用を決めました。女性の施工管理者も増やしたいという考えもあり、うち2名は女性にしました」

趣味のサーフィンが縁で一般社団法人SCW Japanを支援
理想は「自分の子どもを働かせたいと思う会社にする」こと

本業以外のところでも、積極的な取り組みを進めている。1つは環境保全の活動だ。山口代表の趣味であるサーフィンが縁で、海岸を掃除する取り組みを行っている一般社団法人「SAVE THE CLEAN WATER JAPAN」（SCW Japan）の立ち上げ時から協力を続けている。現在も協賛企業として、運営面を支援している。

構成メンバーは大学生がメーンで、組織の運営から実際の清掃活動まで一貫して管理、監督している。清掃活動には、同社の社員も参加することがあるようだ。「サーフィンをやっているので、海のゴミは前から気になっていました。熱意のある学生が運営するのならこの活動も継続できるの

社員が働き甲斐のある職場環境の整備・確立を目指している

ではないかと思い、支援を続けています」

管理面では、社員への福利厚生も重要な取り組み課題の1つだ。会社の部活動ではフットサルチームを設立。ユニフォームの提供など活動を側面からサポートしている。そのほか、お歳暮や社内イベントも定期的に実施。モチベーションアップに工夫を凝らしている。「社員が気持ちよく働ける環境整備」が肝である。目下、働き甲斐のある職場環境の整備、確立を目指して悪戦苦闘中だという。

理想は、「自分の子どもを働かせたいと思う会社にする」こと。「何でも新しいものは積極的に採り入れる」ことを推奨している山口代表だが、「挑戦、信頼、創造」という経営理念を体現したような取り組みが、組織の成長を支えている。「やってみて結果的にダメでも構わないので、一度はやってみる事が大事だと思います」と前を見据える。

President Profile

山口　裕央（やまぐち・ひろひさ）

昭和 49 年生まれ。
平成 8 年 3 月に明星大学理工学部土木工学科卒、土質研究室。
平成 8 年 4 月、東信工業に入社。平成 14 年、代表取締役に就任。

Corporate Information

東信工業株式会社　toshin

所在地

〒 120-0012　東京都足立区青井 3-12-10
TEL03-3849-5357　FAX03-3849-7957

設　立

昭和 42 年

資本金	従業員数
3,000 万円	58 名（ホールディングス全体）

事業内容

コンクリート構造物長寿命化事業
パイプライン事業

代表挨拶

東信工業株式会社は社会基盤を支える企業です。

文化人として生活に欠かすことの出来ないインフラを守る為、技術革新を重ね社会に貢献してまいります。

コンクリート構造物とパイプラインの再生、更生、耐震化、そして長寿命化といった維持管理を創造し持続的な成長と企業価値を創造します。

また事業を通じて SDGs 達成に積極的に貢献していきたいと考えます。

https://t-kk.jp/ja/

街中や自宅で大活躍の上吊式横引きシャッターを開発

膨大な負債を返済し会社を立て直した経営手法にも注目

株式会社横引シャッター

代表取締役　**市川　慎次郎**

これからの10年は、
先代の良い所を残しつつ、
自分のカラーをもっと
もっとミックスして
発展させて
いきたいです

Excellent Company
Only One & Number One Enterprise

株式会社横引シャッターの歴史は、先代代表の市川文胤氏が株式会社中央シャッターを創業した1970年に遡る。創業当時はシャッターの塗装を行っていたが、顧客からのニーズもありシャッターの修理や製造を行うようになっていった。義理堅く、人情味あふれる文胤氏は顧客第一優先で走り続けていたが、9億円もの膨大な負債を抱えていた。後の代表となる次男の市川慎次郎氏は、危機感を抱き、負債の返済に向けて経理部で社員を統括。節電や製造工程の見直しなど経費節減を徹底し、わずか6年の間に7億円を返済することに成功した。その後も返済を続け、現在では無借金経営となっている。2011年、先代代表が急逝し、慎次郎氏が新たに代表取締役に就任した。見事な立て直しに成功した市川慎次郎代表に、自社製品から現在の会社の取り組み、今後の展望まで、詳しくお話を伺った。

『上吊式横引きシャッター』を日本で初めて開発
メリット多数で、高齢化社会にも対応

商店街や自宅など、日ごろから身近な存在であるシャッター。ガラガラと音を立てて開閉するこのシャッターだが、上下式だけでなく横に引いて開閉するシャッターも今や珍しくない。それが横引きシャッターだ。先代の文胤氏が、「シンプルな構造で故障の少ないものを」と追究し、『上吊式横引きシャッター』を日本で初めて開発した。横引きのシャッターには様々なメリットがあり、しゃがむ必要がなく、軽い力で簡単に開閉できるなど、高齢化社会にも対応できる。この横引きシャッ

あえて中が見えるようになっている
パイプカーテンゲート

ターを開発後直ちに特許を取得し、1986年に株式会社横引シャッターを設立した。

従来の上下式シャッターは、1枚のシャッター幅が通常7～8mと決まっているため、その幅を超える場所に設置するためには、柱を立てて数枚のシャッターをつなぐ必要があった。しかし横引きシャッターなら、柱を立てずに1枚で50m以上の長さにも対応できる。

ガレージ用、雨戸用、売店用などその用途は様々だが、安全センサーを標準装備した電動性のもの、災害対策で防犯に特化したもの、裏面店など閉店時でもあえて中が見えるようにした、デザイン性の高いシースルーのシャッターなど種類は豊富だ。外観を損ねないよう、建物に合わせて木目調や大理石柄のシャッターをオーダーすることもできる。さらに、曲線やS字にも対応した『スネイクシャッター』は、日本で最初に同社が開発した。

こうした様々なシャッターが街中や自宅で活躍している。

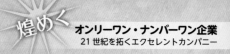

市川代表が挑戦する新たな取り組み～障がい者施設への仕事発注～

「できないからやらない」ではなく「できないなりにできることをやるべき」

株式会社横引シャッター

父・文胤氏から代表の座を継いで10年以上が経過。代表就任以後も様々な局面を乗り越えてきた市川代表は、コロナ禍での会社経営を振り返り、「後悔している」という。「生き残ることに必死だったので、それまでのように経営をワクワクした気持ちで楽しむ事ができていませんでした。社員も私の姿を見て、楽しんで働けていなかっただろうと思います」

そんな初心を思い出した市川代表は、2023年に入り、まず数値目標を具体的にたてた。年間売上目標をグループ合計10億円とした。また、社員の働き方や福利厚生など、様々な事柄をSDGsに当てはめ、積極的に取り組んだ。

そして、新たな取り組みとしては、「近い将来、障がい者施設へ自社の仕事を発注できればという風に考えています」という。一般的には、中小企業では障がい者を雇用するのは様々なハードルがあり難しいと言われている。しかし市川代表は、「雇用ができないから自分たちは関係ない」ではなく、「自分たちなりにできることをやろう」と立ち上がった。「雇用をするのではなく、障がい者施設に仕事を発注するのは可能なのでは?」ということで、早速実際に施設を見て回り、どういった仕事が発注できるか計画を練りに練った。

「私は2021年に、管理者・経営者に必要な知識や能力を学べるEMBAを受講しました。そのカリキュラムの中で、障がい者施設は人材の宝庫だということを学び、彼らに仕事を発注できれば企業として大きなメリットになるはずだと気づきました」

「これまでは、障がい者に頼める仕事があるのか疑問でしたが、実際に施設を訪れてその仕事ぶりに良い意味で驚かされました。障がいをもっていても、これだけの仕事ができるならお願いするべきだと思いました」

市川代表は、見学の際に出会った、手作りパンを販売している障がい者施設から、毎月菓子パンや食パンをまとめて購入し、社員に配る取り組みを行っている。「障がい者施設にも良い人材がたくさんいることに、うちの社員やその家族にも気づいてもらいたいという目的もありました」

まだ正式な仕事依頼は行っていない段階（２０２３年2月現在）だが、具体的に仕事を依頼するビジョンは浮かんでいると言い、先々には、この取り組みが他の中小企業に良い影響を与えられることも期待している。

「当社の取り組みがモデルケースになり、広がっていくことを願っています」と市川代表。

外国人雇用や、幅広い福利厚生にメディアからの取材が殺到 ドキュメンタリードラマ「復活の軌跡」が高評価

株式会社横引シャッターは、外国籍の社員も多く活躍している点が強みであり特徴となっている。中国、バングラデシュ、ガーナ、ネパールとその国籍は様々で、会社の雰囲気も変わり大きな戦力になっている。雇い止めで解雇の不安がある外国籍の社員に安心して働いてもらえるように、外国人でも日本人と同じ扱いをしている。市川代表は、「会社が本人とその家族の生活をしっかり守るということが外国籍社員にも伝われば、もっと楽しく働いてもらえると思っています」と話す。

そんな同社には、このコロナ禍でも年間20件以上、ＮＨＫやテレビ東京、Ｎｅｗｓｗｅｅｋといった大手を含めた各メディアから取材依頼が届いている。メディアは皆、横引シャッターの取り組みに注目しているのだ。「高齢者や外国人、障がい者といった雇用の多様性や、福利厚生に強い面な

どが主に注目される所以となっているようです」

また、過去の多額な負債を返済して会社を立て直した経営手法に関しては、「復活の軌跡」と題したドキュメンタリードラマとなって、動画サイト「ＹｏｕＴｕｂｅ」にアップされている。高評価を獲得するなどし、コロナ禍で大打撃を受けた他企業にとっても、励みとなっている。

こうしたメディアへの積極的な露出の影響からか、横引シャッターの多様な雇用体系や福利厚生を学びに、大手企業のサービス部門が企業訪問に訪れるといったケースも。

さらに市川代表は、依頼を受けて高校へ出向き、学校では教わらないような社会人の実体験や内定の取り方などをテーマとした講演・セミナー活動も行っており、こうした依頼はほぼ毎年あるという。

「社長戦力外通告」の実施で社員自ら会社のために動き出す
社員が楽しく勤務するため福利厚生は惜しまず導入

市川代表は、日常の業務は社員のみで行う「社長戦力外通告」というユニークな制度を２０１４年から実行している。これは、社内業務を社員だけで滞りなく行い、社長を社外へ追い出してしまおうというもの。社員の自立、能動的スタイルを促す狙いがある。

そしてこの施策は近年実を結びつつある。ある時社員から、『社長・専務は入らずに社員だけで集まって、会社をよくするための社内会議を行いたい』と提案があった。議題もすべて自分たちで

チームワークを重視し、お客様から
『ありがとう』と言われる仕事に専念する

決め、何をするべきかを話し合いたいという。「私は後に内容の報告だけを受けましたが、各部署の社員が集まって、お互いもっとこうすればいいのでは?という意見や要望が多く飛び交ったようです。こうした社内会議を定期的に行う意欲的な部署も出てきています」と市川代表は嬉しそうに語る。

一方、社内から追い出された市川代表は外交に勤しむ。日々、メディアへの露出や講演・セミナー、様々な分野の会合への出席など、会社の利益になると判断したものは積極的に行い、それを社内へと還元している。さらにこうした自身の活動の様子やその活動から得た学びなどを社員とも共有するため、社員全員が参加しているLINEグループに、市川代表は毎日欠かすことなく、長文にわたる社長メッセージを送信している。

「ものづくりの会社なので、嫌々作ったものと楽しく作ったものとでは、出来上がりが全く違います。お客様から『ありがとう』と言われないと仕事じゃないと思っています」

こう語る市川代表は、どのようにしたら社員がもっと楽しく、そしてモチベーション高く働けるのか、働きやすくなるのかを色んな方面から常に模索している。

「社長戦力外通告」、「LINEメッセージ」の他にも、コロナ禍となってからは、お節料理や恵方巻き、社員の誕生日祝いを全社員に渡すなど、手厚い福利厚生を毎月続けた。「コロナ禍で忘年会など社員一同集まることは叶わなかったので、その分各家庭で慰労を行って貰おうと企画しました」

先代の良さを残しながら将来を見据えた人材育成に尽力 長所は伸ばし短所は補い合うチームプレイを重視

自社の発展・成長に繋がるような様々な施策や取り組みを行ってきた市川代表は、「ようやく少しずつ自分のカラーが出せてきたのかなと思います」と話す。「私は代表に就任してから、先代社長のやり残したこと、できなかったこと、やりたかったことを10年かけてやってきました。これからの10年は、先代の良い所を残しつつ、自分のカラーをもっともっとミックスして発展させていきたいです」と意気込む。

「10年後は横引シャッターへ入社予定の私の息子が27歳になります。その頃であれば入社して数年、仕事を覚えてきたくらいの時期でしょう。そして20年後は私が67歳になり息子は37歳なので、そろそろ世代交代といえるような時期もやってきます。当社には80代の方をはじめ、高齢社員も多く在籍していますので、私の息子含め、将来を担う次代の人材に上手く技術や知識、経験をバトンタッチしていかなければなりません」と未来を見据える。

「実は息子には、生まれた時から横引シャッターの次期社長になるための教育を施しています。息子本人も、小学生の頃から『お父さんの会社を良い会社にしたい』と言ってくれています。留学も

外国籍や高齢者など多様なスタッフも強みであり
特徴となっている横引シャッター

していて英語が堪能なので、将来的には当社の海外展開も考えているそうです」

頼もしい3代目の存在を嬉しそうに語る市川代表だが、もちろん未来を見据えるばかりではない。今の横引シャッターの事業を支える自社の社員については、「協調性と一体感のあるグループ」だという。

「今の社員たちは不得意な部分をそれぞれが補い合ってチームで仕事を進めてくれています。個人プレイではなくチームで仕事を行った方が上手くいく場合や、顧客との相性なんかもありますから」

協調性を重視した組織づくりを行うことで、社員それぞれが長所を発揮しながら、短所の部分はチームで補い合うことができるという。市川代表はウィズコロナの新しい時代に、「みんな一丸となって楽しく仕事をして、それを会社の成長に繋げていくことがこれからの時代、大事だと思います」と話す。横引シャッター、そして中央グループの明るい未来のため、これからも経営者として辣腕を振るっていく。

President Profile

市川　慎次郎（いちかわ・しんじろう）

昭和 51 年生まれ。国士舘高校卒業後、中国清華大学へ留学。北京語言文化大学漢語学部経済貿易学科卒業後、株式会社横引シャッター（中央グループ）に入社。

創業社長である父親の運転手兼秘書として、直接創業者精神を叩きこまれる。

その後、総務部部長・経理部副部長を兼務。

平成 23 年 12 月に創業社長が急逝し、急遽代表取締役就任。現在に至る。

株式会社中央シャッターは令和 2 年で創業 50 周年を迎えた。

Corporate Information

株式会社横引シャッター（中央グループ）

所在地

〒 120-0005　東京都足立区綾瀬 6-31-5
TEL 03-3628-4500　FAX 03-3628-1188

設　立

昭和 61 年 4 月

資本金	従業員数
1,000 万円	34 名（グループ全体）

事業内容

オーダーメイド横引シャッターの製造販売

横引シャッター 5 つのメリット

- 中間に柱を立てずに、1 枚のシャッターで 50m 以上でも可能
- 有効スペースを目一杯利用できる
- 手動でもラクに開閉。高齢化社会にも対応出来るシャッター
- 曲線スペースにもシャッターが使え、湾曲している部分やジグザグにも自由自在
- 他社が出来ない、世の中にないオーダーメイドのシャッターを製造できる

https://www.yokobiki-shutter.co.jp/

人材育成を通して
社会に貢献できる会社を創る

顧客の理解を得たブランド力の向上が永遠のテーマ

株式会社リガード

代表取締役 **内藤　智明**

人材育成を
加速させ、
「人のリガード」だと
言えるような
優秀な社員の集団に
したいです

Excellent Company
Only One & Number One Enterprise

注文住宅を得意とする株式会社リガードは、内藤智明代表が仲間と3人で立ち上げた会社だ。2011年3月から本格的に営業をスタートした。2012年ごろから建売事業も開始したが、その後差別化を狙って注文住宅に軸足を移していった。

社名のリガードは、内藤代表が「気遣い、気配り、心配り」といった意味を意識して付けた呼称。創業仲間の一人、齊田専務とも一致した価値観で、その想いを社名に盛り込もうという発想だった。「顧客が求める住宅を提供する」という会社の基本方針を端的に表したいと考えていた内藤代表。たどり着いた言葉がこの「リガード」だった。

日々の業務でもこの気遣いというキーワードを大切にしている。常に顧客が求めるものは何かを考え、それを提供する。常にベストを尽くすという基本姿勢が貫かれている。最良の製品やサービスを提供するには優秀な人間が必要だとの考えから、人材育成にも力を入れている。業容拡大一辺倒ではなく、顧客も働く人間も満足のできるビジネスを目指す——「三方良し」ではないが、内藤代表の経営姿勢からはそうした決意、こだわりのようなものが感じられる。

理想の仕事を追求したいとの気持ちが高まる
起死回生を狙い注文住宅に商機を見出す

独立しようと思い始めたのは20代の後半のころだった。本来、仕事というものはお金儲けだけではなく、社会貢献にもなるべきだと考えていた内藤代表。理想の仕事を追求したいとの気持ちが徐々

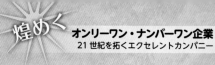

すべては顧客のため、ブランド力の向上を目指している

に高まっていった。「きれい事ばかり言っているようですが、本当は人の言いなりになるのが嫌だっただけかも知れません」と内藤代表は当時の心境を振り返る。

そのころ、同じ小中学校に通い、幼馴染だった齊田専務と定期的に会うようになる。不動産業という内藤代表とも近しい業界におり、かつ信念が似通っていたこともあり30代ごろから度々会食するようになっていった。その席で互いに「いつかは起業しよう」と話していたという。リガード創業時の素地が作られていったころだった。

2011年3月、齊田専務と現取締役の一級建築士の中川氏に声をかけ、リガードを立ち上げた。内藤代表は開発行為や土木設計、建設のための宮内庁の許可を取る業務など、齊田専務は不動産、中川氏は一級建築士で、3人とも得意分野が異なったことも相乗効果の発揮につながったようだ。

当初は現在の注文住宅事業という構想は全くなかったそうで、不動産仲介の会社を目指していたという。2012年ごろから建売事業を始めていたが、資本力のある企業が有利なビジネスで、競合も厳しく、なかなか建売り事業の業績が上向いていかなかった。

「何か新しい事業が必要だ」と考えた内藤代表は、注文住宅をやろうと決意する。「ある夜、事務所にいた時に突然、スタッフのいる前で『注文住宅をやろう』と話したことを覚えています。それまでに色々と考えて自分なりの方向性が固まってきていたのですが、挑戦する覚悟が固まった瞬間だったのだと思います」

注文住宅であれば受注生産ができる上、資本力がなくても経営が可能だ。しかし、ブランド力の構築が極めて困難だという課題もあった。「でも逆にそこに商機があるのでは?と考えました。やるしかないと、注文住宅に賭けてみようというきっかけになりました。集客に要する広告宣伝費はいらないし、プロダクトと営業力だけで勝負できる。うちには向いている分野だと思いました」

9カ月間受注ゼロ、苦労の中で気付いた経営の原点
「自分たちの夢の実現が顧客の夢の実現につながる」

注文住宅に挑戦することは決まったが、創業メンバーの3人ともが経験ゼロの分野だった。尊敬する先輩経営者の不動産仲買業者を通じ、紹介料をお支払いし、土地を購入した人を紹介してもらってプレゼンテーションを繰り返す日々だった。「とりあえず『走りながら考えるしかない』と思い、手探りでの提案を始めました。毎週末、紹介してもらったお客様相手に競合数社とのプレゼン競争になりました」

ここからが苦難の始まりだった。ノウハウも経験もない中、資金力も経験も豊富な他社に勝てるわけがなく、最初は全く受注が取れなかったという。初めて受注が取れたのは、営業を初めて実に9カ月後のことだった。「それまでも最終選考には何度か残れていたのですが、成約には至らなかった。『君達は熱いね』とその熱意は伝わっていたのですが、最後の最後で断られてばかりでした。

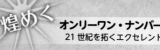

顧客を対象にしたイベントを開催し、地域密着を大切にしている

意気込みだけでは仕事はうまく行かない現実に気付かされました」

転機は、考え方を変えた事だった。それまでは勢いで「何でもやります」と押す営業スタイルだったが、ある時から「本当の事を包み隠さず伝える」という提案方法に改めた。「プレゼンの最初に『まだ歴史の浅い創業して間もない会社だが、将来はこういうところを目指している。不十分だが一所懸命やります』と言うようになってから、契約が取れ出したのです。ありのままを話す姿勢がお客様に伝わったのでしょう。正直さが武器になると知りました」

そこからは、とんとん拍子で受注が取れるようになっていった。誠意が伝わったこともあるのだろうが、もうひとつ内藤代表が気を遣っていたのは「僕たちの夢の実現がお客様の夢の実現につながる」という点。もちろん伝える際の〝情熱〟も重要視していたが、顧客と目線を合わせることにも腐心していた。失敗と苦労の中で見出していったこうしたノウハウも受注増を後押ししたのだろう。

「恥ずかしながら〝おままごと企業〟でしたね。今、当時と同じ事をやれと言われても怖くて無理です（笑）。でも、お客様の満足と我々の満足、目指すべき先を一直線上の軸でぶれないように気を遣った提案、考え方は、今の経営にもつながっている気がします」

ブランド力を向上させる目的で、「量より質」へ転換 目指すは紹介が8割の地域密着型の住宅会社

こうした苦労が実り、業容は順調に拡大していった。「間違いなく、その当時の最高の質を提供してきたという自負はある」という内藤代表の言葉を反映するように、注文住宅の業界団体が審査する賞を獲得するなど、着実にその営業力や企画力が向上していった。

現在はより顧客満足度を高め、ブランド力を向上させる目的で、「量より質」というスタンスに変化してきている。これは「より効率良く利益を上げるにはどうすればいいか?」という問いへの回答でもある。一つひとつの仕事の質を高める事で利益も高くなる。その結果、顧客満足度も向上するという発想だ。

「数を追い掛けると社員の負担も多くなりますし、質が上げられなくなっていく。それはお客様のためになりません」

製品の質を高めるには社員の質も高める必要がある。それが結果的に顧客の満足にもつながることになる。社名のリガードに込められた気遣いが、ここにも反映されているわけだ。

「今は仕事の細部に目を向けている観があります。お客様にプラスになる事しか考えないこと。よく社員には『全体最適』ということを話しますが、お客様のためにならないことはやる意味がないと思います。企業は存続しないと意味がありません。お客様のためになり、かつ全体最適にこだわる為の正解とは何か?そういったことにこだわるマネージャーを育てていきたいですね」

顧客の事を考えるという姿勢は、営業のスタンスにも表れている。自社の考え方や価値観を丁寧に説明するが、価値観が合わない場合は他社を勧めることもあるという。納得してもらった上で契約してもらう姿勢だ。顧客の満足を最優先するという考えが、こうした対応にも見受けられる。

「本質への理解が深く伝わる人に、より良い商品を提供する事。それがブランドそのものだと考えています」

人材育成だけではなく、DX（デジタルトランスフォーメーション）というデジタル面も強力に推し進めている。注文住宅スキームなど、精度と効率の向上を目指し、独自の仕組み構築に力を入れている。「すべてはお客様のため」という価値観が徹底されているようだ。『リガード』ブランドの向上も重要課題です。最終的には関東全域に広めていきたい。そのためには〝地域密着〟が大事になってきます」

地域密着は顧客とのつながりを深めることでもある。現在も、過去に住宅を購入した500人近い顧客を対象にしたイベントなどを開催し、つながりを維持、深める努力を続けている。

「地域密着型の企業で、成約のおよそ8割が紹介のお客様。そういった企業になりたいと思います」

人づくりをした上で社会に貢献する仕組みづくり「人のリガード」だと言えるタレント集団を視野に

前述の通り、企業の存続にはアナログやデジタルと様々な要素を組み合わせた全体最適が必要だと考えている内藤代表だが、ライフワークと言えるのは「人材育成」だと語る。これは「お客様も働く人間も満足のできるビジネスを目指す」という創業時の強い想いがベースになっている。

利益と社会貢献をバランス良く追求する企業は「エレガントカンパニー」と呼ばれるが、内藤代表はその理想形を追求しているようにも思える。

「人づくりをした上で社会に貢献する仕組みづくり、つまり世の中に貢献できる人材を創出する。その結果、世の中の課題を解決して社会に貢献することができる。それが未来にも貢献することになる。そういった流れを作ることができれば理想的です」

これからは「人材育成を加速する」と内藤代表。新卒も積極的に採用し、ゆくゆくは『人のリガード』だとお客様に自信を持って言えるような、優秀な社員の集団にしたいと思います」

こうした優秀なスタッフがいてこそ初めて、「リガード」ブランドの価値向上が可能になるし、他社と差別化できる地域密着型のビジネスの深掘りも可能になると考えている。リガードの価値観を体現できる社員が多ければ多いほど、ブランド力の向上や地域密着型の企業として成長することができるだろう。

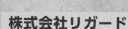

理想は、社長がいなくてもブランド力が高まっていく企業
スタッフには高潔さと献身さを大切にしてほしい

傍目には会社経営が安定しているように見えるが、内藤代表自身は「まだまだ成長期だ」と語り、

手綱を緩める気配はない。「私がいなくても優秀な社員が顧客のニーズに気付いて仕事をすれば、勝手にブランド力が高まっていく、そんな企業体にするのが当面の目標です。会社の存続能力を高める＝ブランド力を高める事だと思います」

最重要課題は、「リガード」ブランドの継続的な価値の向上だ。それには優秀な人材ときめ細かな顧客へのサービスが必須だと考える。顧客との絆を深めるための地域密着型であり、またそのスタンスは同業他社との差別化にもつながる。結果的に「売り手良し、買い手良し、世間良し」という「三方良し」の価値観に収れんされていくようだ。

注文住宅スキームなど、精度と効率の向上を目指し、独自の仕組み構築にも力を入れている

内藤代表の座右の銘は「優れた人は優しき人なり」。経営者としての格言は「表も裏も無く、人間臭く立ちふるまう」。一人の人間としての価値観を経営者の立場でも体現しているわけだ。

「スタッフには高潔さと献身さを大切にしろと言っています。高潔さは表も裏もないこと、献身さは人間臭いということです。一方ではデジタルの象徴、DXも追求していますが、同時にアナログ的な人間臭さも追求しています」

将来の夢を聞くと、「今際の際に、リガードが歴代最高益を出して、貢献してくれた優秀なマネージャー、活躍したリガードメンバー、一人ひとりの顔を思い浮かべながら死んでいくことでしょうか」という答えが返ってきた。内藤代表の下、「リガード」ブランドを掲げた強靭な企業づくりが今後も続く。

President Profile

内藤　智明（ないとう・ともあき）

昭和 47 年 7 月 6 日生まれ。
平成 8 年 3 月、神奈川大学工学部機械工学科を卒業。
同年 4 月、富士エレクトロニクス株式会社に入社。
平成 10 年 3 月、同社を退社。
同年 4 月、中央工学校測量学科に入学。
平成 11 年 3 月、同校を卒業。
同年 4 月、東横測量株式会社に入社。
平成 12 年 2 月、同社を退社。
同年 3 月、株式会社藤和設計に入社。
平成 23 年 3 月 15 日、同社を退社。
同年 3 月 26 日、株式会社リガードの経営を開始。

Corporate Information

株式会社リガード

REGARD

所在地	
〒 185-0011 東京都国分寺市本多 5 丁目 26-40 TEL 042-320-4422	
設　立	
平成 22 年 10 月	
資本金	**従業員数**
500 万円	64 名（パートスタッフ含む）
業務内容	
建築請負（注文・分譲）、建築設計、施工管理、リノベーション業、不動産売買仲介 土地開発・土木設計、測量業	
ビジョン	

●リガードのビジョン

〈より幸せな家族、より良い人生を実現できる地域社会をつくる。〉
リガードの家づくりはこのビジョンから導かれています。

●リガード代表 内藤の源の想い

〈頑張っている人を一人でも多く引き上げ人類・社会に貢献する。〉
これが内藤個人の人生をかけたビジョンであり、この「源の想い」から、
リガードのビジョンは生み出されました。

https://tokyo-chumon.com/

〝緑のチカラ〟を信じて300余年、日本の緑を世界へ

職人の地位を上げ、顧客の笑顔と満足度を重視

小杉造園株式会社

代表取締役　**小杉　左岐**

当社だけでなく
職人全体の
社会的地位が
向上することを
願っています

Excellent Company
Only One & Number One Enterprise

マンションのシンボルツリーや中庭、商業施設の空中庭園など、街の至る所に作られた緑の空間。シンボルツリーはその建物の顔となり、庭園は住民の憩いの場として活躍している。そんな庭園の設計から施工、メンテナンスに至るまでを請け負うのが、東京都世田谷区に本社を構える小杉造園株式会社である。3代目代表取締役を務めるのは小杉左岐氏。江戸時代中期の土着の農家だった。植木屋としては3代目で、日本庭園に50年以上携わってきたベテランの植木職人だ。その活躍は日本だけに留まらず、世界各国と信頼関係を結び日本庭園を広めてきた。そんな小杉代表に、事業内容から自社研修施設、環境への取り組みなど、詳しいお話を伺った。

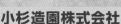

研修所で特訓し、国際技能競技大会で世界一の座を獲得 ELCA（ヨーロッパ造園建設業協会）にアジアで唯一参加

かつて植木職人は、依頼主の家の主人と直接商売を行っていた。残念なことに、それがバブル期には職人と依頼主との間に何社も入るようになった。職人の社会的地位の向上を目指す小杉代表は、国際技能競技大会に挑戦し世界一を目指した。同大会は、若い職人が国際的に技能を競うことで、参加国の各専門領域における職業訓練の振興と技能水準の向上、参加者の国際親善・交流などを目的としている。

2003年には、職人の技術向上と伝承を目的として、熱海に研修所を開設した。「昔は『仕事の技術技能は先輩を見て自分で学ぶものだ』と言われてきましたが、それは不可能だいる。

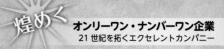

研修所では、午前中は講義、午後は実技研修を行う。悪天候等に備え、作業場は室内にも設けている。

「海外からの研修生は、庭づくりに関連のある日本の法律・技術技能、安全対策そしてマナーやサービスなどを学んでいただいています。また、書道や茶道、お餅つき、お祭りがあれば参加するなど、多くの日本文化も体験できます。研修の間は、『日本人になる2週間』として、白いご飯、畳、温泉のかけ流しなどの生活も、あわせて経験していただいています」

この研修所で猛特訓を重ねた若手の社員が、チャレンジ10年目の2007年第39回国際技能競技大会の造園部門で、ついにグランプリに輝いた。その功績が認められ、同年、ＥＬＣＡ（ヨーロッパ造園建設業協会）へ加盟。小杉造園がアジアで唯一の参加を認められた。

同大会で世界一となった小杉造園は、アゼルバイジャン共和国に日本庭園を作庭することになった。「アゼルバイジャンは裕福な国で、2代目イルハム・アリエフ大統領は、柔道やレスリングなど格闘技を好む親日家で、国民に手をさしのべ、産業の発展に努力している、素晴らしい大統領です」しかしアゼルバイジャンとは庭園文化が違い、資材探しに苦労した。

「使いたい資材がなく、景石は川で石を集めてきました。作業員はサンダルでやって来たので、安全のため全員にスニーカーを買いました。まさにゼロからのスタートでしたね」と当時を振り返る。

「作庭した日本庭園の入口には、日本のシンボルとしての鳥居を立てています」と説明する。

80人以上の社員を抱える小杉代表は、「私はもう何もやることがない」と謙遜するが、若い感性を交えて会社を益々発展させていく所存だ。当社に入社する新入社員については、「例え未経験でも、積極性があり、何か自信を持っているものがあれば良いと思っています」と語る。

小杉造園株式会社

4,000㎡の広大な「バーレーン・日本友好庭園」

韓国、バーレーン、キューバ共和国など、世界各国で日本庭園を作庭
人と人との繋がり、出会いを大切に、日本の技術を発信

２０１０年、小杉代表は韓国の京畿庭園文化博覧会に招かれた。日本庭園「友情の庭」が建設され、13年経過した現在でも当時の人と付き合いがある。小杉代表は毎年多くの海外を訪れているが、「植木を宣伝するのではなく、日本を宣伝しています」と語る。

２０１５年、バーレーンに小杉造園が建設した最初の日本庭園が開園した。「バーレーン・日本友好庭園」と名付けられた約４、０００㎡のこの庭園にも、日本の文化を感じてもらえるようシンボルとして入口に鳥居を設置。日本の存在を表している。バーレーンでは夏場は50度近くにまで気温が上がるため、暑さ対策に回廊に屋根を設置し、その下を歩ける仕様にしている。庭園は風土によって様々なアレンジが可能だ。

ドミニカ共和国のサンティアゴでは、小杉代表は名誉市民の称号を獲得した。途上国の人々に、その国にとっ

てプラスになることを提案し、庭園を通して国際交流に繋げている。

また、ウクライナでは、2018年の同国におけるジャパンイヤーにちなみ、室内枯山水庭園がアートアーセナルに展示された。小杉代表は社員と共にウクライナへ向かい、大統領夫妻に庭園のコンセプトを説明している。「ウクライナに「幸」あれと願っています」

さらに、同年キューバ共和国では、国家評議会議長の故フィデル・カストロ氏の私邸に日本庭園を作庭した。後日、息子のアントニオ氏からは、職人の造園の学校を作ってほしいとの要望を受けた。コロナ禍のため現在は保留となっている。

海外から学生を招待する「VISIT JAPAN」で日本のファン作り
海外への視察研修も実施

小杉造園では海外から学生を招待する「VISIT JAPAN」プログラムを実施。世界各地の途上国3カ国から、毎年6人の学生を一週間日本の旅に招待している。2019年は、コートジボワール、セルビア、ブルガリアの学生を招待した。参加条件は、国立大学の成績最優秀に近いこと。その理由として、小杉代表は次のように語る。「そういった学生は、その後どういう職に就いたとしても、将来途上国の中で重職で活躍できる可能性のある人といえます。学生のうちに日本のファンを作っておきたいのです」

同プログラムでは、銀行本店で経済を学んだり、七夕や花見など日本文化を体験したりするなど、

小杉造園株式会社

様々な経験ができる。中米の学生には、初めてとなるスキーを楽しんでもらうこともある。後に小杉代表は、招待した学生の母国に出向き、成長している姿を確認するのを楽しみにしている。

また、同社から海外への視察研修も実施している。自然や造園に対する感覚を養い視野を広げるため、社員のための視察研修だ。これまでドイツ、クロアチア、トルコなど様々な国を訪れてきた。

「国内で競争するより、海外に出て小さくても外貨を稼ぐことが大事だと思っています。色んな国にとってプラスになるようにして、日本のファンを増やしたいのです」

今まで投資してきたものを生かし、もっと世界に日本を知ってもらうことを目的としている。

山東参議院議員訪問
「VISIT　JAPAN」プログラム

「自然を守る」環境への取り組みにも尽力
大木の移植と剪定枝の有効活用

推定樹齢300年のアカマツの移植

小杉造園では庭園の作庭だけでなく、自然環境を守るための活動も続けている。

「自然がどんどん壊れて荒れた山が多いですが、造園業で自然を守ろうという人は残念ながら少ないのです」そう語る小杉代表は、自ら自然環境を守るために立ち上がった。

同社では、大木や老木の移植工事にも数多く携わってきた。推定樹齢300年のアカマツを移植する際は、根回しに3年もの歳月を要した。渋谷区指定の天然記念物である推定樹齢500年の大イチョウは、1977年と2006年に移植を実施。1度目の移植では大型クレーンがまだなかったという。小杉代表は、この2度の移植どちらにも立ち会った。

また、日常の業務で発生する剪定枝は、チッパー車でチップ状に粉砕している。このチップはバーク堆肥や腐葉土として土壌にすき込み、樹木や花の肥やしなどに活用できる。一方、大木の伐採の場合は、ベンチやテーブルとして生まれ変わらせている。

さらに、小杉造園では静岡県伊東市の森林16万5,000㎡を所有し、ヒメシャラという清楚で美しい木を約1万本、苗木から育成している。

「元々はゴルフ場の跡地でゴミも溢れていました。この荒地を地元の人の協力で、少しずつ手をかけていきました」

春は芝も青くなり、ヤマザクラも見ごろだ。ヒメシャラは6月ごろ白い花を咲かせる。ハイキングコースの途中にあり、四季を感じられる憩いの場となっている。

「この地が観光地の1つになれば良いなと思います。もっと全体に移植して、ヒメシャラの里にしたいですね」と願望を語る。

職人の地位向上と顧客のため努力を惜しまない
技術や功績が認められ黄綬褒章を授与。そして紺綬褒章も受ける

「近年、日本庭園が少なくなってきました」と嘆く小杉代表。戸建てでは花の依頼が中心となり、マンションではエントランスや中庭を緑化している。日本だけでなくバーレーンやアゼルバイジャンなど、海外でも造園を作る流れが広がることを願う。相手国の作業員に庭づくりを指導しながら

メンテナンスも教える。その国の文化生活に合わせて啓蒙活動が必要だという。

「当社だけでなく職人全体の社会的地位が向上することを願っています」と語り、そのために自社の研修所をもっと活用していく予定だ。

「若い人は安全管理やマナーなど、その辺りも身に付けながら成長していくので、研修所を作って本当に良かったと思っています」

安全な仕事をして、顧客に喜んでもらい、そして研修所の温泉でのんびり休むのも大切だという。

小杉代表の父である先代は、83歳まで新人の指導を行っていた。父を見習い、自身も健康維持のため、休日に富士の十里木や伊東市宇佐美の別荘で庭作業しているという。

2009年には、その技術や功績が認められ黄綬褒章を授与した。「みんなが祝福しに集まってくれました。本当に嬉しかったですね」と顔をほころばせる。

「これまで、職人を大切にしてくれる旦那さんが多かったです。礼儀は忘れませんが、旦那と職人の関係なら何でも言えましたし、可愛がってもらえました」

2015年、春の園遊会にも招かれた小杉代表。当時の皇太子殿下に拝謁した際、「キューバのフィデル・カストロ邸で庭をつくった旨を申し上げました」と振り返る。

さらに2022年、寄付による貢献において一定の業績をあげ、紺綬褒章も授与している。

人との繋がり、出会いを大切にしてきた小杉代表。これからも世界に日本庭園を広めると共に環境を護り続ける。

「出合いに感謝。ありがとう」

President Profile

小杉　左岐（こすぎ・さき）

昭和21年、東京世田谷で江戸中期からの土着農家。植木屋の3代目として生まれる。
マンションの環境緑化デザイン・施工に関わり50年、現在マンション、個人邸を含め2000棟近くを管理。伝統的技法と現代のセンスを生かした庭造りの実績は海外でも定評があり、世界各国に招かれ、日本庭園の歴史や技術を発信。

〈主な受賞歴・実績〉
平成19年 金色有功賞 日本赤十字社 感謝状 厚生労働大臣
技能五輪国際大会 第39回 金メダル（第1位）受賞
平成21年、黄綬褒章受章。
平成23年、ブルガリア国立森林大学に貢献し表彰を受ける。
世田谷区世田谷産業貢献表彰 東京商工会議所 第9回勇気ある経営大賞 優秀賞
平成25年と令和元年に、キューバ共和国より文化交流に尽力したとしてディプロマを拝受。
ドミニカ共和国サンチャゴ市より名誉市民となる。
東京都信用金庫協会 最優秀賞しんきんゆめづくり大賞
令和4年、紺綬褒章受章。

〈講演〉
日本・東京商工会議所勇気ある経営大賞 10周年記念シンポジウム
・法政大学 生命科学部 生命機能学科 植物医科学専修にて講演
海外・リトアニア共和国（リトアニア国会）拡大会議で発言
・パナマ（パナマ大学）「にほんと日本庭園を紹介」
・ブータン（国立農業大学プナカ）「日本庭園について」
・クロアチア（ザグレブ国立大学、オシェック国立大学、リエカ国立大学）
・ブルガリア共和国（ブルガリア森林大学、ソフィア）
・キューバ共和国、ニカラグア、エルサルバドル「日本庭園文化について」
・ウクライナ（キーウ大学）「日本の文化、庭園について」
その他「屋上庭園」新技術に関する講演等

〈著書〉
平成17年『ベランダで楽しむ庭づくり』、河出書房新
平成24年『経営者の挑戦が未来を拓く 勇気ある経営のすすめ』東京商工会議所 編、日本工業新聞
平成25年『3代目植木屋から学ぶ 庭づくり、庭の手入れの勘どころ』、万来舎
平成29年『JAPANESE GARDENS』、万来舎
令和2年『世界の“緑”を見る』、インタラクション

〈国際庭園セミナー〉
平成18年～現在
海外造園業者・大学関係者・大学生等が来日し、熱海研修所に滞在し、庭園セミナーを毎年開催。

Corporate Information

小杉造園株式会社

KOSUGI

所在地

〈本　　社〉東京都世田谷区北沢1-7-5　TEL 03-3467-0525
〈町田営業所〉東京都町田市森野2-24-3　TEL 042-709-5770
〈千葉営業所〉千葉県市川市新田5-8-26　TEL 047-711-1576
〈熱海研修所〉静岡県熱海市伊豆山459-1　TEL 0557-88-7702
伊東市宇佐美　ヒメシャラの森　／　裾野市十里木　愛鷹つつじの花

設　立	資本金
昭和初期	4,000万円
従業員数	**所　属**
87名（令和5年2月現在）	JFLC / 一般社団法人 日本造園組合連合会

事業内容

造園土木・植栽工事に関するコンサルティング・設計・施工・（マンション・店舗・個人邸など）庭園・緑地の維持管理

理　念

“私たちの技術は、お客様の笑顔と満足のために”
“緑のチカラ”を巧みに操る企画提案デザインを。

https://kosugi-zohen.co.jp/

「価値ある建物を技術をもってつくり活かし続け、そこに関わる全ての人をゆたかにすること」

電気工事会社の枠を超えたサービスで、創業100周年を目指す

株式会社アキテム

代表取締役社長　**鯉渕　健太郎**

自社が手掛ける
４つの事業が
四位一体となれば、
オンリーワンの
企業になれると
信じています

株式会社アキテムは、東京都目黒区に本社を置く、70年の歴史を持つ電気工事会社だ。70年間黒字経営を維持し続けている同社は、1952年の創業から一貫して電気設備工事事業に取り組み、その他にも建物の清掃・設備管理などを行う総合ビル管理事業、機能を損ねずに建物の美観を向上させるリニューアル工事業、そして、近年ではビルオーナーに代わって出納業務や渉外業務を行うプロパティマネジメント事業も手掛けており、現在はこの4つの事業を柱に企業活動を続けている。一般的な電気設備工事会社では提供していない、施工後のビル管理や不動産運用といったサービスをワンストップで提供しているのがアキテムの大きな特徴である。

創業100周年に向けて、成長し続けるアキテムの代表取締役社長を務めるのは鯉渕健太郎氏だ。「アキテムで手掛けている4つの事業の間でシームレスに連携を取り合い、四位一体となって相乗効果をつくり出す。そして、世の中の電気工事会社とはこうだ、といった既成概念の外にあるお客様のニーズに応えていく。この調子でいけば、アキテムは中小企業の特性を活かしたオンリーワンの企業になれるでしょう」

そう力強く語る鯉渕代表にお話を伺った。

建築家の夢をあきらめ、コンサルティング業界へ進んだ過去
完璧な経営者になることはないだろうと内省しながら、先代に打診した代表取締役社長就任

1952年に鯉渕代表の祖父である神馬富蔵氏が創業した株式会社アキテム。経営者のバトンは

電気設備工事業、総合ビル管理事業、リニューアル工事業、プロパティマネジメント事業の４つの事業を手掛けている

先代の鯉渕要三氏へ受け渡され、鯉渕健太郎氏は三代目の代表取締役社長だ。

鯉渕代表は大学時代に建築学科で環境工学を専攻し、大学院でも都市エネルギー系の研究に取り組んでいたという。建築業界への道を歩んでいた鯉渕代表だが、最初に就職したのは意外にもコンサルティング業界だったという。

「もともと建築家になりたいとは思っていましたが、大学に入ると才能あふれる同期が大勢いて、建築家への夢はそこで諦めてしまいました。それに、私が就活生だった時期は就職氷河期と言われており、建築業界は国内情勢の影響で特に冷え込んでいました。そんな状況で、コンサルティング業界に進んでいる友人や先輩もいたことで興味がありましたし、俯瞰的に物事を見ながら取り組める仕事がしたいという想いがあったので、この業界へ進むことにしました」

こうした経緯から、会計事務所系のコンサルティングファームに就職を決めた鯉渕代表。大手総合商社で業務プロセスの改善などに取り組んでいたが、入社から3年近く経ち、手がけていたプロジェクトも終わりが見えていた頃、先代からアキテム入社の誘いを受ける。鯉渕代表は悩みながらもアキテムへ入社することを決意する。

鯉渕代表はアキテムに入社後、他会社への出向で施工管理やプロジェクトマネジメントを学び、出向を終えてアキテムに戻ってからは営業部に配属された。営業企画室室長や専務取締役といった役職を経験し、アキテムの事業や企業としてのあり方について模索しながら、経営計画発表会などの大小さまざまな改革に取り組んだ。

経営者になるための経験を積んでいた鯉渕代表だったが、代表取締役社長への就任は自ら先代に打診したという。

「会社の経営に携わるうちに、私は自分がいくつになっても完璧な経営者になることはないだろうと思うようになりました。アキテムは祖父から父、私へと続く家族経営の企業です。自分が社長になった時に、自分のブレーキ役をつとめてくれるのは自分の親くらいでしょう。だから、先代が健康なうちに会社を継がせてほしいと頼み込みました」

鯉渕代表は1年以上も先代と様々な話し合いを重ねながら、2018年に代表取締役社長へと就任した。

あるオーナーの解約がきっかけで始まったプロパティマネジメント事業 アキテムの他の事業へ大きなシナジーを生み出し、主要事業の1つに

不動産オーナーに代わって管理業務や運営を行うプロパティマネジメント。一般的な設備工事会

社が行うことはほとんどないが、アキテムがプロパティマネジメント事業を行うようになったのは、ある顧客がきっかけだった。

「ビル管理で長年の付き合いがあるお客様がいました。その方が新築で新たにビルを建てられた時も、ゼネコンのもとでアキテムが電気工事を行い、竣工後当社がビル管理を担当させてもらっていました。個人のオーナーの方でしたが、うちの担当者と懇意にしていただいており、非常にいい関係を築いていました」

長期にわたり良好な関係を保っていたが、ある時、別の不動産会社から連絡があったという。それは、例のオーナーが所有するビルが売却されることになり、ビル管理をしているアキテムに、エンジニアリングレポートを提出してほしいという内容だった。

「かなり驚きましたが、実はオーナーの方たちが、ある日急に当社から離れていくことは、これまでにも度々ありました。相続や事業承継で、ビルの売却を選ぶオーナーも多いからです。ファイナンスや税務などは、ビル管理や設備点検を行っている会社に相談しないのが普通です。しかし、それだとお客様が離れていく一方ですし、ビル管理では解約の防止が非常に重要になります。そこで、解約防止だけでなく、お客様のニーズに合わせたサービスを提供し、お客様の満足度を上げて次の取引につなげていくことや、後々の解約防止のための情報収集を目的に始めました」

鯉渕氏が代表取締役社長に就任した翌年の2019年から始まった、プロパティマネジメント事業。鯉渕代表は事業を始めるまで、「こういった事業を始めるのはどうだろうか」と、折に触れて何度か社員に提示しながら準備を進めていったそうだ。

「先代は電気設備工事業だけで活動するのはリスクがあると考え、総合ビル管理事業を始めることに決めましたが、当時の社内では、なぜ工事会社なのにビル管理をするのかといった反対の意見も多かったそうです。その話を聞いていましたし、不動産という別の領域の事業を始めることになるので、準備は慎重に進めました。実際に現場で仕事をするのは社員たちですから、社員たちが結果を出しやすい土壌をつくるのが社長の役目だと思います」

プロパティマネジメント事業単体での売上はまだ全体の数％だが、ビルメンテナンスやリニューアル工事につながるケースが多く、アキテムが手掛けている他の事業へ非常に大きなシナジーをもたらしているという。現在ではアキテムの四大事業の1つにまで発展しており、今後も技術以外の同社の強みの1つとして続いていくだろう。

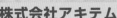

四位一体で実現するライフサイクルトータルマネジメント 全社が1つになり、シームレスで強固な連携をつくりあげる

プロパティマネジメントが正式な事業としてスタートするまで、アキテムでは創業当初から続く電気設備工事業、先代が着手した総合ビル管理事業とリニューアル工事業の3つの事業を柱にしていた。

工事や設備点検業務といった目に見えるハードの部分を扱ってきたところに、不動産管理という目に見えないソフトの要素が強いプロパティマネジメント事業が加わったことで、もともとあった3つの事業にも影響があらわれたという。

「プロパティマネジメント事業を起点にした他の事業の案件が増えたことで、ただそれまで通りに

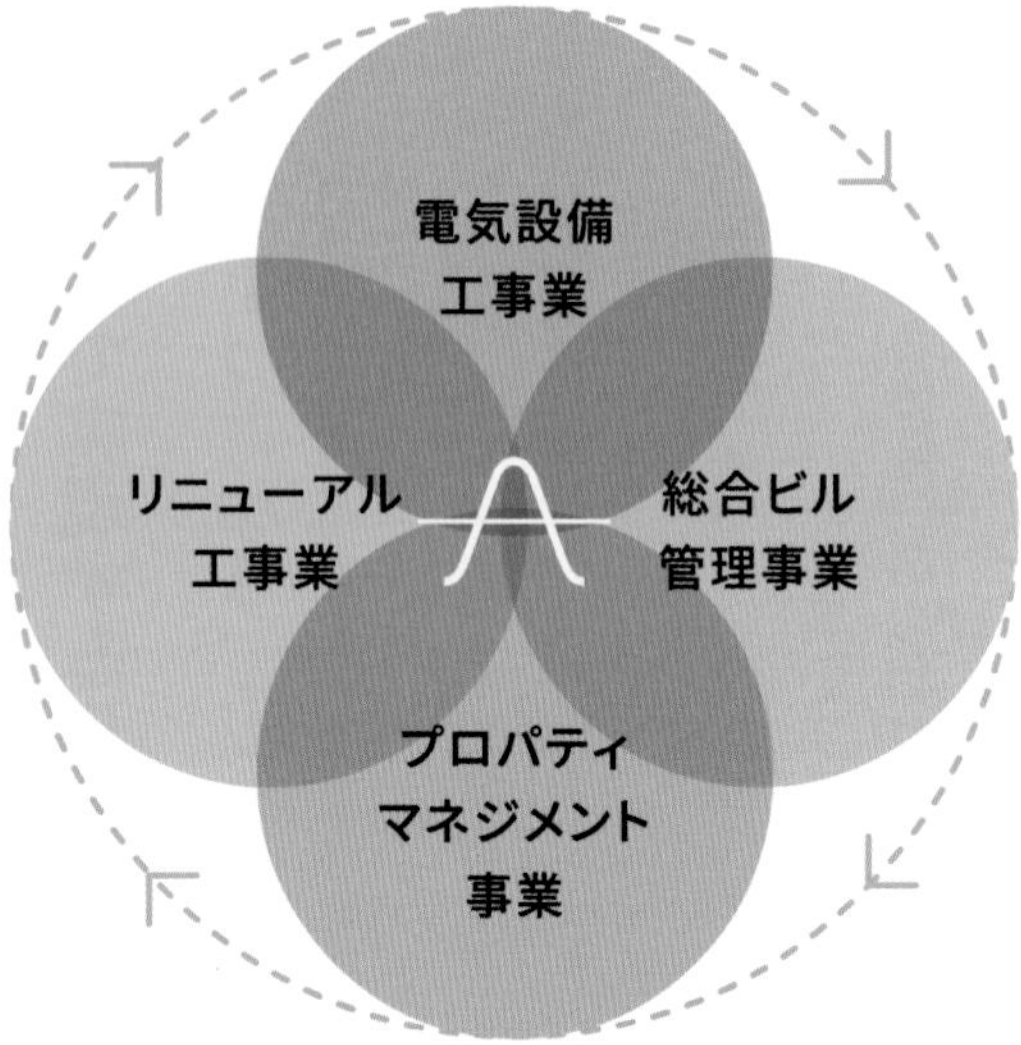

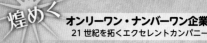

4部門で密に協力し、相乗効果を生み出しながら顧客に寄り添ったサービスをワンストップで提供

建物の工事や管理をすればよいわけではなく、一つひとつに様々なベクトルが生まれました。我々に依頼されるお客様たちは、『アキテム』という一社として捉えていますから、現場ではそれぞれの部門間の高度なコミュニケーションが必要になったのです」

新たな領域の事業が加わり、現場で要求されることの変化に対応するため、アキテム内でセクションを超えた密な連携を取り合わねばならなくなったのである。

「今は外部のニーズに対して、社員の認識とスキルが追い付いていないギャップの部分を埋めようと取り組んでいます。なかなか難しいものですが面白くもある段階です。

建物のオーナーの方々にとっては『建てる』ことが目的ではありません。完成した建物を使って事業を営むことが目的です。建物の価値を保つためには、築年数や状態に応じて的確な判断と適切な対応が常に求められます。ですから、アキテムの4つの事業が四位一体となって、協業しなければいけません。4つの事業のうちのどれがスタートだとか、ある事業に向かって一方通行とかではなく、シームレスに連携していかねばなりません。そうすることで、建物全体のライフサイクルを考えながら、あらゆるフェーズに対応できる企業になると私は思います」

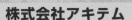

「技術」、「ノウハウ」、「人」を軸にした企業理念 関わる全ての人に、アキテムでよかったと思ってもらいたい

株式会社アキテムの企業理念は「価値ある建物を技術をもってつくり活かし続け、そこに関わる全ての人をゆたかにすること」というものだ。

前半の「価値ある建物を技術をもってつくり活かし続け」の部分は、アキテムが長年の活動で培ってきた技術とノウハウで、オーナーの建物という資産を守り、活かしていくサポートをするという使命が反映されている。後半の「そこに関わる全ての人をゆたかにすること」の部分には、「人」にフォーカスした「三方良し」のような想いが込められている。

「私にとってステークスホルダー＝『関わる全ての人』というのは社員、協力会社そしてお客様です。社員には『アキテムに入社してよかった』と思ってもらいたい。協力会社には『アキテムと一緒に仕事をやってよかった』と思ってもらいたい。そして、お客様には『アキテムに依頼してよかった』と思ってもらいたい。このように思ってもらえる会社でないと社会での存在意義がないと私は思います」

ビル管理会社の既成概念の外に、顧客のニーズはある 4部門のシナジーと中小企業の特性を活かして、100年続くオンリーワンの企業へ

同社の創業70周年記念祝賀会の様子

電気設備工事業、総合ビル管理事業、リニューアル工事業、プロパティマネジメント事業の4部門で密に協力し、相乗効果を生み出しながら顧客に寄り添ったサービスをワンストップで提供するアキテム。鯉渕代表は、4部門が垣根を超えて手を取り合い、四位一体となることが、業界内にアキテム独自のポジションを築くことになると考えている。

「建築工事会社とはこうだ、ビル管理会社とはこうだ、といった既成概念は世の中に数多く存在します。でも、その既成概念の外に踏み入っていくとお客様のニーズに応えられるのです。

　アキテムと同じように設備工事やビル管理、不動産管理もやっている、ゼネコン系列の大きなビル管理会社の方と話をすることがあるのですが、彼らの会社ではそれぞれの部署が機能的に組織が形成され一つひとつきっちりと分かれています。でも、アキテムでは意思決定の早さといった中小企業の特性を活かすためにも、ぎゅっと1つにした状態でやっていきたい。それができるようになった時、アキテムはオンリーワンの企業になれると私は思います」

オンリーワンの企業へ、そして創業１００周年へ向けて、アキテムの活動は続く。

President Profile

鯉渕　健太郎（こいぶち・けんたろう）

昭和 51 年生まれ、東京都出身。
平成 12 年、横浜国立大学工学部建設学科卒業。
平成 14 年、横浜国立大学大学院都市イノベーション学府修了。
デロイトトーマツコンサルティング（現・アビームコンサルティング）入社。
平成 17 年、株式会社アキテム入社。
平成 24 年、専務取締役就任。
平成 30 年、代表取締役社長就任。

Corporate Information

株式会社アキテム

所在地

〈本社〉〒 153-0043 東京都目黒区東山 1-1-2　東山ビル
TEL 03-3760-7701　FAX 03-3760-7709
〈秋葉原オフィス〉
〒 101-0041 東京都千代田区神田須田町 2 丁目 23-1　天翔秋葉原万世ビル 705 号室
TEL 03-5256-1545

設　立

昭和 27 年 11 月

資本金	従業員数
8,100 万円	237 人

事業内容

電気設備工事、総合ビル管理、リニューアル工事、プロパティマネジメント

理　念

価値ある建物を技術をもってつくり活かし続け、そこに関わる全ての人をゆたかにすること

https://www.akitem.co.jp

チャレンジ精神を武器に躍進する岐阜発のアパレルファッションメーカー

ものづくりにプライドを持ち、アパレル業界のリーディングカンパニーを目指す

株式会社水甚

代表取締役社長　**中村　好成**

デザイン、クオリティ、カイテキの３つを融合させた製品提供を通して、お客様に幸せを届けたい

Excellent Company
Only One & Number One Enterprise

岐阜県に本社を構える株式会社水甚。長年アパレル事業を展開してきた同社は、現在取引先プライベートブランド商品のOEM・ODM生産および自社ブランド、ライセンスブランド商品の製造販売を手掛け、世の中に魅力あるファッションアイテムを提供している。

「当社が製品づくりにおいて大切にしているポイントは2つ。身につけることでワクワクするような魅力的デザインとモノづくりにとことんこだわった製品クオリティです。そして、近年はさらに着心地や肌に触れた時の心地良さにこだわった快適性も追及しています。デザイン、クオリティ、カイテキ、これら3つを融合させた製品提供を通して、お客様に幸せを届けたいと、日々事業を展開しています」

こう力を込めて話すのは、株式会社水甚の代表取締役社長、中村好成氏。学生時代から服が好きだった同氏は、そのままアパレル業界に飛び込み今年でおよそ40年。半世紀近くアパレル一筋の道を歩んできた中村代表に、水甚での取り組みや企業の歴史、未来への展望など、多忙な合間を縫って様々なお話を伺った。

戦後間もない1949年に創業～日本経済復興とともに成長 1984年に入社後、めきめきと頭角を現していく中村代表

水甚の創業は今から74年前の1949年。現水甚会長の水野景右氏が、16歳という若さでスラックスの縫製事業を興したのが始まりだ。「戦後間もない当時は今と違い、衣食住全ての供給が全く

足りていない状態でした。そこで家族を養わなければいけない立場にあった会長が、〝衣〟の部分に着目して、水甚の歴史が始まりました」

その後、1964年に水甚は最初の転換期を迎える。当時日本は、戦後何もなかった状態から、高度経済成長期へと突入していく時代だった。「この時、GMS（総合スーパー）店舗が日本全国各地で営業を開始し、小売店舗が毎月のように増えていく時代でした。同時にアパレル製品のニーズ増加を見越した会長は、水甚を株式会社化し、本格的に卸売の業態へと転換したのです」

日本の経済全体が右肩上がりに成長していくと同時に、水甚も時流に乗って業績を上げ、業容も拡大。1981年には、現在地に新本社ビルと物流センターを建設した。こうして勢いに乗る水甚に中村代表が入社したのは、本社北側に船をイメージした5階建ての常設ショールームを完備の第2本社ビルが完成した1984年。「元々服が好きだったことと、当時社長だった会長と大きな縁があり、大学卒業後すぐに水甚に入社させて頂きました」

入社後、東京を拠点としたカジュアル専門店の営業を担当し、商品を覚える日々を過ごし、めきめきと頭角を現していった中村代表。すぐに会社の大きな戦力となった彼は、その後水甚飛躍のきっかけとなる2つの大きな変革を主動する。それが、ニューヨークでヒップホップカルチャーをベースとしてブレイクしていた、音楽とファッションが融合したFIRST DOWN（ファーストダウン）とのライセンス契約と海外生産拠点の確立だ。「売上の新たな柱を構築できればということで、ファーストダウンとの契約を目指しました」と、当時日本のファッション専門店にも商品が並び、爆発的にヒットしていたファーストダウンのアメリカ・ラスベガスで開催された展示会に参加した中村代表は、そこで全くの飛び込みながら、ライセンス契約へ向けたアプローチを開始。粘り強い交渉の末、1996年に契約にこぎつけた。「契約後、すぐにファーストダウンの製品展開を開始し、目論見通り売上は大きく伸びました」

そして、2001年に中村代表は海外生産拠点を開拓した経験を活かし、中国企業との合弁による工場建設に踏み切り、中国浙江省平湖市に2000名規模の合弁工場を建設し、自社で品質をコントロールできる生産体制の確立に着手した。

ファーストダウンのライセンス契約を皮切りに海外有名ブランドと続々契約
2022年にはアウトドアブランド〝エディーバウアー〟のライセンス契約に成功

ファーストダウンのライセンス契約と生産工場の新設をエンジンとして、成長を加速させていった水甚。2006年には、本社ビルの南側に広さ1，600㎡、天井高4・8mの売場を想定した新ショールームを建設し、売上は右肩上がりに伸びていった。

当時副社長を担っていた中村代表が正式に代表取締役社長に就任したのは、成長真っ只中にあった2005年。「業績が良い時に承継をしたいという会長の意向もあって、このタイミングとなりました」

以降も水甚は成長を続けていく。2006年にはライセンス契約10年目という節目で、ファーストダウンの商標権を取得。さらに新たなブランドとして、2020年にArnold Palmer（アーノルドパーマー）、2022年にEddie Bauer（エディーバウアー）をライバル企業との競合の末、契約締結に成功。生産体制においても、中国浙江省平湖市の合弁工場に加え、

水甚の成長を支える中村有孝取締役本部長

2017年にはミャンマー、2022年にはベトナムに2000名規模の新工場を設立し、生産体制のさらなる強化を実現させてきた。

「2016年には私の息子である中村有孝が入社し、上述のアーノルドパーマーとエディーバウアーの契約交渉の際には大きな役割を果たしてくれました。これからも若い力で水甚を盛り立てていってほしい」と中村代表。

現在、取締役本部長を務める中村有孝氏は、「ファーストダウンで自社ブランド、アーノルドパーマーでファミリーブランド、そして2023年の秋から本格展開を予定しているエディーバウアーでアウトドアブランドと、アパレルの広い分野をカバーできる体制が整いました。秋から店舗展開をスタートさせるエディーバウアーも早期に軌道に乗せ、当社の事業の柱にしていきたいと考えています」と意気込む。

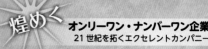

〝工に徹する〟という創業以来の企業精神
ダウン製品を強みに年間1000万着以上を生産

株式会社水甚

2017年に設立されたミャンマー工場（写真左）
海外工場においても高品質な商品を生産できる体制を確立（写真右）

社会のニーズを捉えた様々なアパレル製品を世に送り出し続ける中で、水甚が各方面から高い評価を受け、中村代表も、「当社の大きな強み」と胸を張る部分が、製品クオリティだ。「当社は創業から、日本が世界に誇るものづくりを大切にし、製品づくりにプライドをもって事業を行ってきました。〝工に徹する〟という創業以来の企業精神を胸に、お客様に喜んで頂けるものづくりに努めて参りました」

中国、ミャンマー、ベトナムというそれぞれ文化の違う海外工場においても、従業員に水甚クオリティを理解してもらうよう教育を重ね、ハイクオリティな商品を生産できるシステムを確立している。また、どの工場も従業員一人ひとりが品質に対する意識を高く保ち、従業員同士が切磋琢磨する環境を整えている。

「当社は現在全ての工場合わせて、年間1000万着以上の生産量を記録していますが、この中で最も多く作っているのがダウン製品です。ダウン製品はブームになる以前より当社がかなり早い段階から手掛けてきたジャンルで、何度もトライ&エラーを繰り返してきましたが、それで得たノウハウから、今では当社が最も自信を持って生産することのできる製品の1つとなっています。ダウンジャケットの製作に挑んだ当初は失敗も多かったですが、今思えば何一つ無駄なものはなかったと思います。特に当社を代表するファーストダウンのダウンジャケットは袖を通されたお客様より羽毛に包み込まれているようでとても気持ちが良いと大変好評価を頂いています」

「失敗を恐れず何事にもまずは挑戦して欲しい」近年は人材の採用・育成、社内環境整備に注力

「失敗もこれまで多く経験してきた」と振り返る中村代表が、スタッフにいつも伝えていることがある。それは、「まずは行動に移して何事にも挑戦して欲しい」ということだ。「例えば私どもアパレル業界は、半年から1年先に売れる製品を予測し、製作しなければいけません。どんなデザイン・カラーで展開するか、そしてどれだけの点数を生産するか。これらを予測で決めなければいけない中で、私もこれまで読みが外れて作り過ぎたことは何度もあり、まさに失敗の連続でした」「しかし、一方で失敗を恐れて何もしないというのは失敗以上にダメなことだと私は思います。何も行動に移さなければ、成功を掴む機会も失いますし、何も生まれません。常々スタッフには、『責任はとるから、まずは挑戦してみてほしい』と口酸っぱく伝えています」

こうした中村代表の抱く〝挑戦〟の精神が、ファーストダウンブランドとのライセンス契約締結、商標権取得へと繋がり、後のアーノルドパーマーやエディーバウアーの契約にも繋がっていったのだ。

自らの行動により、新たな道を切り開いてきた中村代表に、今後水甚が求める人材像を伺った。「まずはチャレンジを恐れない人が良いですね。そして、あっと驚くような発想でもって、水甚に新風を吹き込んでくれるような人材に入ってきて頂きたいと思っています」

こう話す中村代表は、近年、人材の採用・育成を積極的に行うとともに、社内の職場環境の改革にも着手中だという。「最近の大きな変化としては、元々営業、企画、生産部門はそれぞれフロアが分かれていましたが、それをショールーム2階の約1，500㎡のワンフロアに集約し、仕切りも一切無くしました。また、社内のいたる所にフリーの机と椅子を置いています。これらの狙いは部門の垣根を越えて、誰もがすぐにコミュニケーションを取れるような環境づくりにあります」

さらに中村代表は、「アパレルはセンスや創造力といったクリエイティブな感性が求められ、何気ない打ち合わせや雑談の中にこそ良いアイデアが生まれます」と、気軽に打ち合わせのできるカフェやリラクシングスペースを社内に充実させる計画を進めている。

「〝着て楽しくなる服〟、〝着て気分が上がる服〟を世の中に提供していきたい」
最終目標はアパレルの枠を超えた生活大企業

様々な取り組みを行い、水甚の更なる発展・成長を目指す中村代表。「今現在、当社の売上は卸売が4で小売が1といった割合ですが、将来的には卸売が2、小売が1と、小売をもっと伸ばしていきたいと考えています」

〝着て楽しくなる服〟、〝着てワクワクする服〟を
世の中に提供する水甚

現在は、アーノルドパーマー、ヒロココシノオムコレクションの2ブランド合わせて計81店舗（2023年2月現在）の直営店を展開。「小売分野成長のためにも、各ブランドのショップ展開に今後力を入れていければ」と成長を目論む。

アパレル業界は近年、ファストファッションブランドの台頭により、低価格帯のファッションが社会にすっかり浸透した。「ファストファッションの流行により、服の捉え方や価値が変わる一方、当社はアパレル企業の本質であるファッションを発信することに重きを置き、〝着て楽しくなる服〟、〝着てワクワクする服〟を世の中に提供していきます。目指すのはファッションアパレル業界のリーディングカンパニーです」

アパレル分野における確固たる地位固めに邁進していく中で、こうした展望のみにとどまらず、中村代表は水甚の更なる未来を見据える。「当社の最終目標は生活大企業です。現在はアパレル商品のみでの展開ですが、いずれは当社独自の技術やノウハウを活かして、アパレル商品を軸として、生活に関わる全てのモノを発信できる企業になっていければと考えています」

現状に満足せず、そして変化を恐れず、水甚が目指す未来へ向かって、これからも飽くなき挑戦を続けていく。

President Profile

中村　好成（なかむら・よしなり）

昭和 35 年生まれ。愛知県出身。大学卒業後、昭和 59 年水甚に入社。
商品開発、海外生産拠点開拓を経て、アメリカンスポーツブランド〝FIRST DOWN〟をはじめとした海外ブランドとの契約および国内販売プロジェクトに従事。
平成 17 年水甚代表取締役社長に就任。その後、海外の生産拠点を次々と建設し、安定した生産体制を構築する。
令和 2 年には〝Arnold Palmer〟とライセンス契約を締結し、令和 3 年 3 月には直営店の展開をスタート。令和 4 年には〝Eddie Bauer〟とライセンス契約を締結。
令和 5 年から本格展開予定。好きな言葉は〝挑戦〟。趣味は野球。

Corporate Information

株式会社水甚

所在地

〈本　　社〉〒 501-6123　岐阜県岐阜市柳津町流通センター 1-15-3
TEL 058-279-3045　FAX 058-279-2173
〈東京営業所〉
〒 103-0004　東京都中央区東日本橋 2-7-1　FRONTIER 東日本橋ビル 8F
TEL 03-3862-3611　FAX 03-3862-3613

設　立

昭和 39 年（創業 昭和 24 年）

資本金	従業員数
8,000 万円	300 名

事業内容

「FIRST DOWN」、「Arnold Palmer」、「Liberty Bell」、「Henry Cotton's」、「Eddie Bauer」といったブランドをはじめ、カジュアル衣料全般を企画、製造し、全国有名専門店、量販店、百貨店、スポーツ店、セレクトショップ（フリークストア、ユナイテッドアローズ、ベイクルーズなど）に販売するファッションメーカー。

代表メッセージ

人生は勉強の連続です。そして、継続する努力こそ最大の力であると信じています。
クリエイティブに富んだ発想、誰にも負けない行動力、強固な財務内容をフルに活かして、多くの方に愛されるアパレル業界の真のリーディングカンパニーを目指し、ファッションを通じて明るい未来の創造と社会貢献を企業理念に掲げ、チャレンジャー精神を心に秘めて邁進していく所存です。

https://mizujin.co.jp/

オンリーワンの技術力を持つ
自社製品・機械部品の製造メーカー

全ての人を幸せにすることを目的に事業を運営

株式会社協和製作所

代表取締役社長 **藤本　繁行**

協和製作所に
関わる全ての人を
幸せにすることを
目的として、
日々事業を
運営しています

Excellent Company
Only One & Number One Enterprise

兵庫県加西市に本社を構える株式会社協和製作所。自社製品・機械部品の製造メーカーとして事業を展開する同社は、長い歴史の中で培ってきたオンリーワンの技術力を活かして、様々な業種・業界企業へ独自の製品を提供。まさに縁の下で人々の社会生活を支える、技術力に特化した、日本が世界に誇るモノづくり企業だ。

「弊社従業員や協力会社様、お客様、そして社会全体。協和製作所に関わるこれら全ての人を幸せにすることを目的として、日々事業を運営しています」

こう穏やかな表情で話すのは、株式会社協和製作所の代表取締役社長・藤本繁行氏。2005年に三代目として代表のバトンを受け、優れた経営手腕を発揮して、会社をさらなる事業拡大へと導いてきた人物だ。そんな藤本代表に、協和製作所のこれまでの歩みや現状、今後に向けてのビジョンなど、幅広くお話を伺った。

1950年に藤本薫氏と辻留治氏の二人で協和製作所を創業
1970年にヒット製品となる「モータープーリ」を開発

協和製作所の創業は1950年。藤本代表の父である藤本薫氏と友人の辻留治氏の二人で金属加工の事業を始めたのが起源だ。「スタート当時は川崎重工業（現カワサキモータース㈱）の下請けとして、バイク部品の製造を主に担っていました」と、藤本代表は創業当時を振り返る。

その後、1954年に株式会社化。1956年からはクボタの農機具部品の製造も手掛けるなど

汎用事業部が製造するシャフト（写真右）とギア（写真左）

して受注を増やし、事業活動は安定軌道に乗っていった。

さらに、「もっと会社を成長させていかなければと、従来の下請けによる部品加工に加え、自社開発製品を手掛け始めたのが1962年からでした」と、自社の製品としてワインディングメーターや自動車用の自動供給装置「オートオイラー」などを開発。協和製作所オリジナル製品開発が同社のさらなる成長を支えた。

勢いに乗る協和製作所に、自社製品の中からヒット商品が生まれたのは1970年。それが、ベルトコンベアの駆動源となる「モータープーリ」という製品だ。「当時は主に土砂搬送のために、当社のモータープーリをたくさんのお客様にお使い頂きました。記録的な売上となって、この時が一つの転換期といえるでしょう」と藤本代表は語る。

その後も、クライアントのニーズに応える形で独創的な製品を開発していき、売上は右肩上がりに増加。そうした中、1973年の第一次オイルショック、1979年の第二次オイルショックと困難にも直面するが、様々な企業努力が功を奏してダメージを最小限にとどめ、不況の時期を乗り越えてきた。

こうして創業以来、紆余曲折を経ながら成長を続けてきた協和製作所。藤本代表は、「私は1958年生まれですので、まさに会社の成長と自分の成長がピッタリ重なり合っているように思います。業績が上がっていくさまや父が奮闘する姿を子どもながらにずっと間近で見ていました」と懐かしく振り返る。

1983年に藤本繁行氏入社。業務を通して会社の成長に貢献
1985年には「モータープーリ」に続くヒット製品となる「モーターローラ」を開発

会社の成長とともに、自身も成長してきた藤本代表が、協和製作所に入社したのは1983年。入社後、総務部、汎用事業部、後に誕生する産業機器事業部と、各事業部で経験を積み上げ、協和製作所の事業活動の全容を把握するとともに、業務を通して会社の成長に多大な貢献を果たしてきた。

この間、協和製作所は1984年に「モータープーリ」に続くヒット製品となる「モーターローラ」を開発。翌1985年には、前述した産業機器事業部（当時は産業機器事業本部）が誕生した。「これにより、現在まで続く汎用事業部・産業機器事業部という、当社にとっての2本の柱が確立され、新たな事業展開へと進んでいく体制が整いました」

1980年代後半からは、国内のバブル景気にも後押しされ、営業活動を積極的に展開。国内市場のみならず、韓国や米国企業への製品販売も開始するなど、海外展開を本格的に開始したのもこの頃だった。藤本代表は、「当時海外事業部といったものはありませんでしたが、私自身も海外への出張を繰り返し、海外市場の開拓に力を尽くしました」と振り返る。

国内外問わず、様々な業界からのニーズに応え、高品質な製品を市場に提供し続けていた協和製作所は、世界最長の吊り橋である明石海峡大橋の電力ケーブル敷設作業に、「モータープーリ」の

採用という大きな仕事を勝ち取る。これにより、技術的な声価を揺るがぬものとした。

産業機器事業部拡大に伴い、新工場の建設、2001年稼働を開始 2008年に第三のヒット製品「パルスローラ」を開発

成長の歩みを止めることなく走り続ける協和製作所は、2000年代に入りいくつかの大きな転換期を迎える。1つが2001年の産業機器事業部窪田工場の稼働だ。「産業機器事業部は長く、汎用事業部内に拠点を構え、モータープーリやモーターローラを始めとした弊社の独自製品を開発していました。ですが、ニーズの増加で量産体制への移行が急務となり、事業拡大のため、あらかじめ加西市窪田町に確保していた土地（約2万坪＝6万5434．07㎡）に産業機器事業部専門の工場を建設、稼働するに至りました」

広大な土地での産業機器事業部工場の稼働により、モータープーリやモーターローラの量産が可能に。売上はさらに加速し、海外輸出も大幅に伸びていくこととなった。

そしてもう1つの大きな転換期は、2005年の藤本繁行氏の代表取締役社長への就任と、そこに至るまでの経緯。この時期、協和製作所に大きな組織変革が起こったのだ。「当時社長だった父・藤本薫が、共同創業者・辻留治氏から経営権を円満的に譲り受ける形を取りました」

協和製作所のさらなる発展のために取った、藤本薫氏の大きな一手だった。これにより、藤本薫氏が代表取締役会長に。そして藤本繁行氏が代表取締役社長という体制が出来上がり、新生、協和

製作所として新たなスタートが切られた。

　こうして新たな体制となって以降も、協和製作所は2008年に後に売上の軸となるヒット製品、「パルスローラ」の開発、同年にはアメリカに、そして2012年にはブルガリアにそれぞれ子会社を設立して海外展開を強化。

　生産体制のさらなる強化にも着手し、2017年に窪田に第二工場、続いて2020年には同じ窪田に第三工場を設立した。

　藤本代表は、「今は産業機器事業部が担う自社製品の製造を、3つの工場を擁する窪田工場で行い、汎用事業部が担う部品の加工・製造を古坂、和泉の2拠点で行うという体制となっています。2つの事業部は手掛ける仕事の中身が異なりますので、拠点が分かれている今の体制は理想の形といえるでしょう」と現状を語る。

産業機器事業部が誇る3つの主力製品
モーターローラは工場系、パルスローラは物流系と顧客のニーズに合わせて製品を提供

　協和製作所の事業の大きな柱となっている、産業機器事業部と汎用事業部。この内、産業機器事業部について藤本代表に伺った。

「産業機器事業部は、スタート以来〝下請けからメーカーへ〟ということで、様々な自社開発製品にチャレンジして参りました。その中で、現在はモータープーリ、モーターローラ、パルスローラ

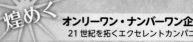

物流センターなど様々な施設で
パルスローラが採用されている

協和製作所の主力製品である
パルスローラ

の3つが主力製品となっています」

ベルトコンベアの駆動源である「モータープーリ」は、主に食品加工ライン、空港物流ライン、一般製造ライン、物流センター、配送センターなど幅広い業界で採用されている。事業部創設期以来の製品で、製品クオリティも年々ブラッシュアップを繰り返し、現在国内トップシェアの売上を誇っている。

そして、1984年に開発された「モーターローラ」は、ベルトではなくローラーコンベアの駆動源で、クリーンルームでの搬送、食品ライン、一般製造ライン、配送センターなど、工場系を中心とした幅広い業界から引き合いのある製品となっている。「各業界のFA化の一旦を担い続けている当社の粋を集めた製品です」

3つ目の主力製品である「パルスローラ」は、モーターローラ同様ローラーコンベアの駆動源だが、DC電源採用による高度な制御性や、業界トップクラスの停止精度、ハイスピード搬送など、ハイスペックな性能をいくつも備えている。「パルスローラ誕生に大きな影響を与えたのが、2000年から始まったEコマース(電子商取引)の拡大でしょう。巨大な物流センターが全国に誕生し、その中では商品の確実な仕分けや効率の良い搬送が求められました。こうした物流現場の高効率化ニーズに応える製品づくりを追い求めた結果、パルスローラが誕生したというわけです」

同製品は主に物流センターの合流・分岐・仕分での搬送、食品ライン、一般製造ライン、配送センターで活躍している。「モーターローラが工場系に適した製品で、パルスローラが物流系に適した製品という風に、それぞれのお客様がお持ちの環境に合わせてご提案・販売させて頂いております」

汎用事業部の主力製品であるシャフトとギアは大手からの受注が多くを占める「当社の強みを武器として、社会に貢献できる企業であり続けたい」

もう1つの汎用事業部についても藤本代表に話を伺った。「創業以来から続く、汎用事業部では、主に農業用トラクターや四輪バギーに使われるシャフト及びギアを生産しています。近年はこの2つに加え、新たな販売領域を開拓すべく、建機・搬送用機器の部品となるモーターシャフトの製造・販売にも力を入れています」

汎用事業部の主力製品であるシャフトとギアは長年に渡り、クボタやカワサキモータースといった大手からの受注が多くを占め、製品クオリティは昔も今も変わらず高い評価を受けている。

「クオリティはもちろんですが、多品種少量生産にも対応できる生産体制が古坂・和泉の両工場に整っています。これらの強みを活かして、お客様のあらゆるニーズにしっかりと応えていきたいと考えています」

また2020年からは、試作品専門チームを結成し、試作品加工期間の短縮を目指す取り組みをはじめた。加えて、国家資格である機械加工技能士の育成にも力を入れ、機械加工のスペシャリス

兵庫県加西市窪田町にある本社工場

ト集団を形成することで、ハイクオリティな製品づくりに繋げる活動も行っている。

協和製作所のまさに心臓ともいえる産業機器事業部と汎用事業部。両事業部ともに、これまで変化を恐れない挑戦の姿勢を貫き、独自の優れた製品を社会に提供し続けてきた。藤本代表は、「現在協和製作所で働くスタッフは総勢３４０人。スタッフ全員が頑張ってくれているからこそ今の協和製作所があるのは間違いありません。私自身が業務を行う上でのモチベーションとなっているのはスタッフの笑顔ですし、全スタッフには『協和製作所に入社して良かった』と、心から思って貰える会社づくりを今後も推し進めていきたい」と、改めて自社スタッフへの愛情を口にする。

そんな、藤本代表が社長に就任する以前の協和製作所は、ずっとトップダウンの社風だった。それが藤本繁行氏の代表就任以後はミドルアップ、ボトムアップが出てくるような環境へと変貌したという。

スタッフに全幅の信頼を寄せながら、また経営者として世の中の動きを読みながら幾度となく大きな経営判断を行い、会社を力強く引っ張ってきた藤本代表。「今後もこれまで同様、当社の強みを武器に、社会に貢献できる企業であり続けたい」と前を見据える。

President Profile

藤本　繁行（ふじもと・しげゆき）

昭和 33 年生まれ。兵庫県出身。
東京の大学を卒業後、会社勤務を経て昭和 58 年協和製作所に入社。
様々な部署で経験を積み上げ、平成 3 年取締役本部長、平成 7 年常務取締役を歴任。
平成 17 年に代表取締役社長に就任。座右の銘は「吾以外皆我師」。

Corporate Information

株式会社協和製作所

KMJP KYOWA MANUFACTURING JAPAN

所在地

〈本社・産業機器事業部工場〉
〒 675-2364 兵庫県加西市窪田町 570-10
代表 TEL 0790-42-5111　FAX 0790-42-0700
〈産業機器事業部〉 TEL 0790-42-0601　FAX 0790-42-4895
汎用事業部工場
〈古坂工場〉 〒 675-2303 兵庫県加西市北条町古坂 69-1
TEL 0790-42-5110　FAX 0790-42-5741
〈和泉工場〉 〒 675-2445 兵庫県加西市殿原町 860
TEL 0790-44-0284　FAX 0790-44-2251

設　立

昭和 29 年（創業昭和 25 年）

資本金	従業員数
9,600 万円	340 名

事業内容

自動車・二輪車・農機用ミッション部品、産業機械部品、
モーターローラ、モータープーリ、パルスローラ

代表挨拶

当社は、部品メーカーである加工部門と、物流機器を製作販売する 2 事業部門にて構成されており、その中でも自社製品については環境に配慮した製品を推進し、海外への販売が 拡大しておりグローバル化が進んでいます。

今後も需要拡大が予想され将来的には世界シェア No1 を目指しています。

また、新たな事業分野への参入も視野に入れております。

関係各位には、重ねてお礼を申し上げますとともに、今後とも一層のご支援を賜りますようお願い申し上げます。

https://www.kyowa-mfg.co.jp/

オンリーワンのアイデアを武器に成長を続ける愛知の調剤薬局グループ

若い人材の積極的登用で新時代の薬局運営スタイルを切り拓く

株式会社アモス

代表取締役社長　**神尾　太資**

今後の
成長のためにも、
変化を恐れない姿勢で
事業運営を続けて
いければと
考えています

Excellent Company
Only One & Number One Enterprise

医師の処方箋に基づき薬を患者に提供する調剤薬局。医療機関に隣接する場所でよく見かける薬局だが、その数は現在およそ6万店。この数を、医療費削減を目的として、将来的に半分にまで減らされることが各方面で議論されている。また調剤報酬や薬価も年々下がるなど、薬局・薬剤師を取り巻く環境は悪化の一途を辿っているのが業界の現状だ。

こうした逆風吹き荒れる薬局業界の中にあって、独自のアイデアやノウハウを武器に成長を続ける薬局運営企業がある。それが、愛知県に本社を構える株式会社アモスだ。

「厳しい環境の中で、成長できている要因は〝ピンチはチャンス〟という発想と〝古い慣習の打破〟にあると思っています。今後の成長のためにも、変化を恐れない姿勢で事業運営を続けていければと考えています」

こう力を込めて話すのは、株式会社アモスの代表取締役社長・神尾太資氏。37歳。業界に新たな風を吹き込み続ける個性あふれる若き経営者に、アモスの歴史や現状、未来に向けてのお話など、多忙な合間を縫って、貴重なお話を伺った。

現会長の神尾昌夫氏がアモスの前身となるドラッグストア店を創業
東京での社会人生活で挫折を経験した神尾代表

株式会社アモスの創業・設立は1990年。神尾代表の父で現会長の神尾昌夫氏が、ドラッグストアの営業を始めたのが起源だ。地域から愛されるドラッグストアとして順調な経営を続けていた

アモスを成長させるため、
常に色んなアイデアを模索する神尾代表

が、次第に売上が伸び悩むようになっていく。「大手ドラッグストアの台頭で、我々のような個人ドラッグストアが苦境に立たされることとなったのです」

現状を打破するため、昌夫氏は調剤薬局への業態転換を決意。1998年に調剤薬局アモス矢作店を開局して新たなスタートを切った。

調剤薬局としたことで、売上は再び上昇に転じ、愛知県エリアを中心に店舗展開も推し進め、今では愛知県、滋賀県に計10店舗を構えるまでに拡大・成長した。

一方神尾代表は、アモスが誕生するより一足早い1985年に誕生。「小学校にあがる頃には父の経営するドラッグストアによく出入りしていました。薬は物心ついた時から身近にあり、日用品の特売日があった日は朝7時からお客様が大勢つめかけ大盛況だったことを鮮明に覚えています」と当時を振り返る。

一方で、「私は、将来アモスを継ぐ考えは特になく、父から継ぐよう言われることもありませんでした」という。

小学校では野球に打ち込み、中学、高校、大学と進んだ神尾代表は、「漠然と東京への憧れがあった」ことから、大学卒業後は東京のシステムエンジニアの会社に就職することに。東京で社会人生活をスタートさせた神尾代表は、人生で初めての挫折を経験することとなる。「大学生気分が抜けないまま就職したのもダメだったのでしょう。東京で社会の厳しさを味わい、『このままではやばい』と危機感を覚えました」

心折れた神尾代表に救いの手を差し伸べたのは父だった。「アモスを継ぐ気はあるか?それなら愛知に戻って薬関係の仕事をしろ」と。この言葉に覚悟を決めた神尾代表は、東京の会社を辞め、名古屋の薬品卸の会社に就職した。

薬品卸会社での勤務を経て、アモスへ入社
代表就任後は父のもとで経営者として修業の日々

「名古屋の薬品卸会社での経験は私にとってとても大きく、アモス入社の原点となりました」。

ここで4年間勤めた神尾代表は、薬の流通の勉強や営業を経験。「各病院・クリニックのドクター、調剤薬局に向けて薬のPRや値段交渉をしていました。診療科目ごとに扱う薬は全く違い、全ての薬を知るという面ではかなり勉強になりました。また薬を売るだけではなく、資金の回収、薬の流通についての理解など、薬局経営に必要なノウハウは全て学ばせて頂くことができました」

十分な知識と経験を得た神尾代表は、満を持して株式会社アモスに入社。同時期には結婚もして、公私ともに再出発となった。

前職での経験を活かし、アモスでの業務に邁進。「早く会社経営を学んで欲しい」という昌夫氏

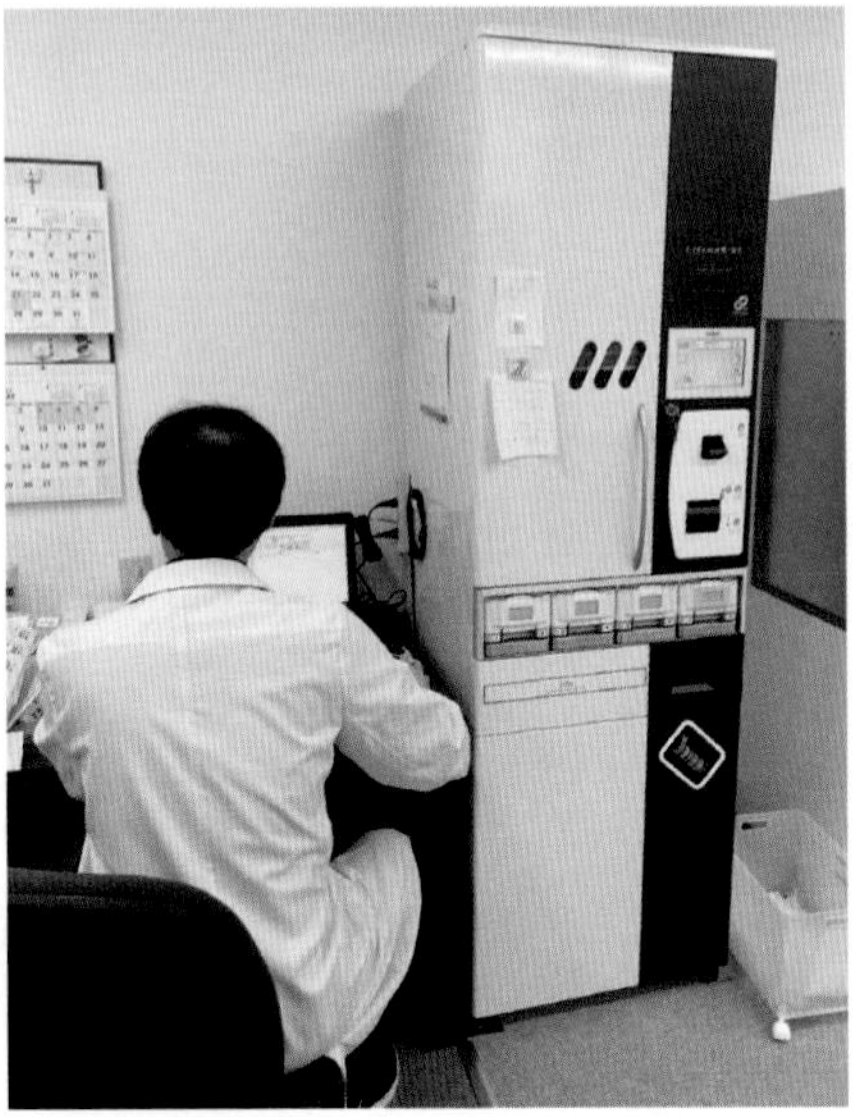

スタッフが気持ちよく働ける
職場環境づくりに努めている

の意向もあり、入社から5年後、自身32歳の時に株式会社アモスの代表取締役社長に就任した。代表に就任した当時を神尾代表は次のように振り返る。「社長になったといっても、まだまだ経営を勉強する身で、会長となった父の影響力は大きく、経営の舵取りも変わらず父が主導で行っていました」

神尾代表の父親である昌夫氏は、前述の通りアモスの創業者で、全ての経営判断を自身で行い、長年に渡り会社を先頭に立って引っ張ってきた。「父は良くも悪くもワンマンで、自分にも他人にも厳しく、近づきがたい存在でした」

そんな、父・昌夫氏に、神尾代表は2020年に人生で初めて対等に向き合うことになる。この時が神尾代表にとって、また株式会社アモスにとって大きな大きなターニングポイントになっていく。

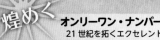

父を説得して自身のアイデアを経営に反映。名実ともにアモスの顔に
HPのリニューアル、各種SNSの活用で情報発信に注力

昌夫氏と向き合うきっかけになったのは、2019年末から始まったコロナの流行だった。「まずコロナ以前から、私どもの業界は調剤報酬、薬価の引き下げなどマイナス要因がいくつもありました。私ども中小規模の薬局にとって新卒薬剤師の確保も困難になっていて、私自身『このままではいけないな』という危機感はずっと持っていたんです」

こうした中にあって始まったコロナの流行。外出自粛や医療機関の受診控えにより、アモスを取り巻く状況はますます悪くなっていく。「絶対に何か変化が必要だと。『このピンチをチャンスに変えてやろう』と、覚悟を決めて、父に私の温めていたアイデアをこれでもかと伝えました」

こうして始まった父と息子、社長と会長の1対1のミーティング。神尾代表の提案するアイデアに対して、最初は否定的だった昌夫氏。しかし、神尾代表の前衛的なアイデアや熱意、覚悟に押される形で、進言を認める形となった。「この時からですね。私が名実ともにアモスの代表になったのは。私自身も改めて経営者としての自覚が芽生えた瞬間でした」

昌夫氏を折れさせた神尾代表のアイデアとはどういったものだったのか。「これからの若い世代の人たちに、アモスという会社を知ってもらうこと。そして若い人たちに『アモスに入社したい』と思って貰うことを目的に、情報発信への注力や人材の確保・育成、労働環境部分の見直しを図りました」

まず行ったのが自社HPの一新。全体を、いわゆる〝今風〟のデザインに変え、インスタグラムやツイッター、フェイスブックといった各種SNSからの発信も開始した。「若い会社だということをアピールするため、私自身を全面に押し出した形でHPを作り変えました。また色んな媒体でのメディア露出も積極的に行い、とにかく若い世代の方々に知ってもらうために、これまでやってこなかったことをどんどん実施しました」

厳しい環境の中、大手にも負けない好待遇を誇るアモスの給与体制 フレックスタイムや副業ＯＫなどを取り入れ、居心地の良い環境を提供

もう一つ、神尾代表がコロナを機に行い、今も取り分け注力する若い人材の確保・育成、そして働くモチベーションアップに対する取り組み。これに関して神尾代表に伺った。「まず業界全体の現状として、薬学部の４年制から６年制への変更による学費の増加と、調剤報酬、薬価の引き下げなどによる薬剤師の年収減という薬剤師を目指す方にとってネガティブな現実があります。こうした中で当社は、大手薬局チェーンに匹敵する給料設定と各種手当を薬剤師スタッフの方々に提供しています。また頑張れば際限なく稼げる仕組みにもなっていて、給与面においては業界内でも高水準であると自負しています」

こうした給与体制を実現できる要因を神尾代表は、「当社の既存門前薬局店舗の安定した売上に加え、在宅訪問型の調剤薬局を業界に先駆けて導入している点でしょう」と話す。「在宅訪問型薬局とは、様々な問題を抱えて来店が難しい患者様に対して、こちらから薬剤師がご自宅や施設に伺い、薬をお届けさせて頂くサービスです。医師が行う訪問診療をイメージして頂ければ分かりやすいかと思います」

給与面での好待遇に加え、働く環境面においても神尾代表はアモス独自の様々な取り組みを検討している。「とにかく当社を居心地良く思って頂ければということで、週休３日や週休２日、フレックスタイム制、副業ＯＫなどの導入を考えており、一人ひとりに合った労働環境を提供できる体制

づくりに努めています。また、服装やメイクなど見た目も、〝薬剤師はこうであるべき〟という暗黙のルール的なものは一切ありません」

今現在アモスには、60名の薬剤師スタッフが働いているが、その中には手腕を評価され、取締役に就任した人材もいる。「これまで当社の役員は私の家族だけでしたが、仕事ぶりにより、今後も外部の役員就任はどんどん行っていく予定です。スタッフには頑張れば上を目指せると、そう思って頂きたいですね」

業界の枠に捉われないアイデアの源泉は他業種経営者たちとの交流
在宅訪問型薬局やオンラインで全国への処方薬配送など新たな取り組みを実施

薬局業界の枠に捉われない様々な取り組みを導入し、それを会社の成長へと繋げている神尾代表。「実は当初私は自分が薬剤師ではないことに引け目を感じていました。でも社長になった後は、逆にその部分を強みに変え、業界全体が厳しい中でも会社を成長に導いて来られたんだと思っています」

こう話す神尾代表は、社長就任当初より業務の合間を縫って外部の会合に積極的に参加。そこで様々な意見交換や情報収集を行うとともに、他業種の経営者などとの人脈も多数構築してきた。前述のような業界の慣習にない様々なアイデアが生まれるのは、こうした神尾代表ならではの柔軟な思考と類まれな行動力の賜物なのだ。

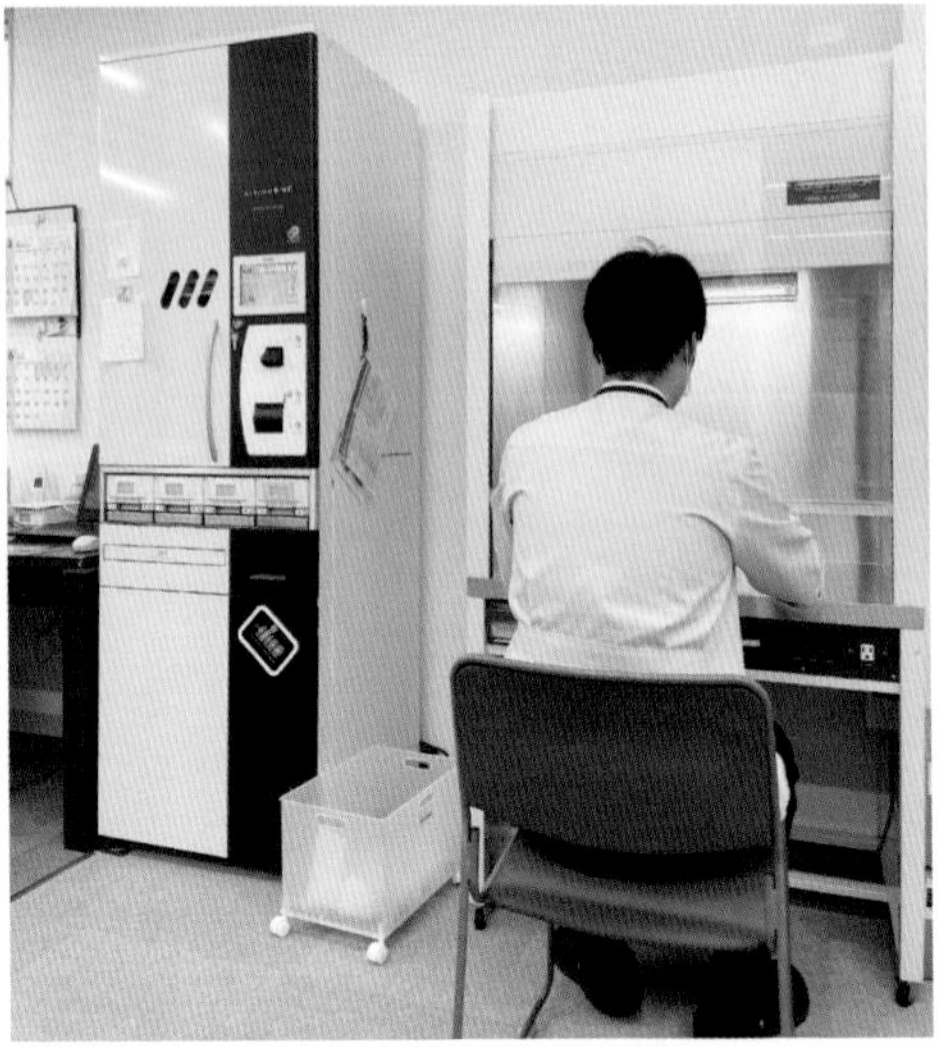

スタッフの頑張り次第で
上を目指せる仕組みを構築している

「特に私が大きな刺激を受けているのは名古屋青年会議所です。40歳までの経営者、役員およそ600人が所属している大きな組織で、薬局業界は私だけ。勉強になることはもちろんですが、パワフルな人が多く、元気や刺激を貰えて、この会での活動はアモスの事業運営を進めていく上で、大きなモチベーションになっています」

　アモスの事業運営や積極的な社外活動など、現在多忙を極める神尾代表に、改めて今後に向けての展望を伺った。「人材面においては、引き続き若い世代の方々に入って頂けるような取り組みを行っていきたいですね。薬局の運営面においては、在宅訪問型の薬局店舗を増やしていくこと。加えてオンラインを活用し、処方薬を全国に届けられるようなサービスの構築も目指していければと考えています」

　将来ビジョンを明確に語る神尾代表はさらに、「アモス拡大のために、薬局業だけにこだわることはありません」とも。「当社の事業とリンクし、アモスを大きくできると判断すれば、積極的にM&Aも展開して、他ジャンルの事業も実施していくつもりです」

　壮大な目標を掲げ、目の前の一日一日を全力で駆け抜ける神尾代表。今後も、スタッフとともに成長していきながら、描く理想の未来を切り開いていく。

President Profile

神尾　太資（かみお・だいすけ）

昭和 60 年生まれ。愛知県出身。
大学卒業後、東京でシステムエンジニアとして就職した後、現アルフレッサに転職し、平成 25 年 4 月に株式会社アモスに入社。
平成 29 年 8 月代表取締役に就任。
尊敬する人物は豊田章一朗氏で同氏の座右の銘「天地人 知仁勇」に共感している。

Corporate Information

株式会社アモス　AMOSU INC.

所在地

〒 444-0806　愛知県岡崎市緑丘 3-1-19
TEL 0564-57-2633　FAX 0564-57-2634

設　立

平成 2 年

資本金	従業員数
1,000 万円	60 名

事業内容

調剤薬局の運営、在宅訪問型調剤薬局の運営

代表メッセージ

新型コロナウイルスが全世界に猛威を振るい始めて丸 2 年が経ち、未だ収束の兆しが見えておりませんが人々、そして社会、経済は「WITH コロナ」の時代を見据えて動き始めています。また、ロシアのウクライナへの侵攻による連日の報道を目にすると本当に胸が張り裂けそうになり、1 日でも早く戦争が終息することを願うばかりです。

我々も医療従事者としての使命を果たすべく、地元地域に必要なものを寄付させていただいたり、立場は異なりますが同じ医療従事者として人々の命を守ってくれている地元病院様に必要なものを寄付させていただきました。

今後もこのような活動をできる限り続けていこうと思っておりますし、常にだれかの為に行動し、関連企業様、地域の皆様へ幸せを送ることのできる企業を目指して参ります。

https://www.amosu.co.jp/

プロアスリートも認める
子ども向けサプリメント

スポンサーなど様々な社会貢献活動で子どもたちの未来を応援

株式会社エメトレ

代表取締役社長 **千明　哲治**

「子どもたちの
元気と笑顔と
家族の愛で
あふれる社会を創る」
を理念に

Excellent Company
Only One & Number One Enterprise

株式会社エメトレ

いつの時代も親は子どもの成長や健康を気にかけ、子どもの夢をできる限りサポートしたいものである。また、10年後、20年後の社会を担うのは、今の子どもたちだ。そんな子どもたちの笑顔を守るため、日々成長し続けている企業がある。それが株式会社エメトレだ。

「子どもたちの元気と笑顔と家族の愛であふれる社会を創る」を理念に、様々な商品を開発し活動を展開している。代表取締役社長を務める千明哲治氏に、起業のきっかけから同社の取り組み、今後の展望まで詳しくお話を伺った。

手先の器用さを活かした大工業から、子どもたちを笑顔にする事業に一転 子どもの存在と岩中氏との出会いが人生の転機に

エメトレは2014年に設立したが、それまで千明代表は大工として工務店を経営していた。千明代表の兄は鳶職人として家業を継いだが、自身は高校卒業時もやりたいことが決まっていなかった。手先が器用だったことから、「鳶より大工の方が向いているのでは」と父に勧められ、大工の専門学校へ通った。そして学校へ通いながら2年間実家で働き、卒業後は町場の工務店に就職した。そこで6年間修業した後、独立して10年、大工としての腕を磨いてきた。

30歳になり結婚し子どもにも恵まれた千明代表は、毎日笑顔で過ごす子どものパワーに癒されていた。「仕事で辛いことがあっても、子どもの笑顔を見たら頑張れていました」

そんな生活に幸せを感じていたが、「ふと、この先40歳を過ぎ、50歳を過ぎ、体力が落ちていく

ことを考えると、今と同じ仕事をやっていると大変だろうなと思いました」と当時を振り返る。大工業は父の勧め通り自分に合っており面白かったが、大工を始め15年ほど経過すると、時代が変化し建築もこれまでに比べ「より簡単に、より早く、より安く」を求められるようになってきた。

それによって、現場の職人には技術が求められなくなり、やりがいを見いだせなくなった。そこで千明代表は、「何か違うことがしたい。大好きな子どもに関わることができるビジネスはないものか」と、様々なセミナーに参加するようになった。

ある時、輸入関連のビジネスセミナーに参加した千明代表。そこで、後のビジネスパートナーとなる岩中駿介氏（現取締役副社長）に出会う。

岩中氏は当時、製薬会社にMRとして勤めていたが、千明代表と同じく自分の仕事に対して疑問が湧いていた。岩中氏は「世の中の薬は対症療法用に留まるものが多く、症状や数値は改善（安定）しますが、病気を治してくれるわけではありません。そうではなく、もっと根本的に病気にならないような身体づくりをするべきだと思い、食事やサプリメントに興味を持ち始めました」と当時を振り返る。また、岩中氏自身のコンプレックスも、エメトレを設立し現在の事業を行う大きな要因になったという。

「私は身長が低く、成長期に身長が伸び切らなかったことを長年コンプレックスに感じてきました。だからこそ、同じ悩みをもつ子どもたちの辛い思いは痛いほどわかります。そんな中で千明と出会い、それをきっかけに二人でその解決につながるような何かを提供できないかと考え、子どもの成長期向けサプリメントの開発・販売を始めることになりました」

株式会社エメトレ

味や成分だけではなく、安全性にも徹底的にこだわり抜いた成長期サポートサプリメント
コンプレックスを克服し、子どもたちが自信をもてるよう開発

アルギニンを1日5,000mg摂取可能な
エメトレのサプリメント「ドクターセノビル」

2014年5月、エメトレは最初のサプリメントである「DR・SENOBIRU（ドクターセノビル）」をリリースした。岩中氏が前職の経験を活かし、様々な文献を調べた結果、「アルギニン」が成長に重要な栄養素であることを突き止め、開発をスタート。

「私たちは子どもの頃に、カルシウムをたくさん摂るようにと教えられてきました。実際に、市場にある商品の多くがカルシウムを訴求するものでした」

開発当時は今ほど子ども向けサプリの種類は多くなく、アルギニンを訴求するサプリもなかった。アルギニンは成長ホルモンの分泌を促す可能性が大いにある成分だが、サプリメントのため効果効能を謳うことができなかった。

同時に、「発売開始から数カ月は苦戦続きでした。知名度もありませんし、アルギニンには特有の苦みや臭みがあり、子どもには受け入れられませんでした。定期購

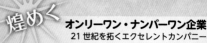

入も1回で辞められたり、返金保証の依頼が来たりで、継続した売り上げになりませんでした」と、苦悩の日々を明かす。

そこで、まずは配合を変更した。アルギニンを一度に多く配合すると子どもには飲みにくいため、1回あたりのアルギニン量を減らし、一日トータル（2回）で同じ量を摂取できるように工夫した。味も当初はぶどう味だったが、グレープフルーツ味にすることで飲みやすく改善した。

こうして改良されたドクターセノビルは売り上げもぐんと上がった。需要があることを確信した千明代表は、子ども向けサプリメントを軸として事業を伸ばしていくことを決意。

ドクターセノビルは類似品と比較すると、アルギニンを一日に5，000ｍｇ摂取できる圧倒的な配合量だ。粉末状で水などに溶かして飲用する。味は、グレープフルーツ味・パイン味・マスカット味の3種類。

「成分ももちろん大事ですが、味はもっと大事です。大人は多少不味くても目標のために飲めますが、子どもは美味しくないと続きませんから」と語る。

子どもに飲ませるものとして、保護者が気になる安全性についても抜かりない。成長期男女を対象とした安全性試験も実施し、長期飲用における安全性を証明。国際的なアンチ・ドーピング認証「インフォームドチョイス」を取得しているため、トップアスリートも安心して飲むことができる。

「現在では似たような商品がかなり増えましたが、成長期サプリで安全性試験を実施し、かつインフォームドチョイスを取得した商品は他にありません」と自信をのぞかせる。

２０１９年には、「薬っぽい見た目だと、人前で飲むことに抵抗がある子どももいるのでは」と、ロゴやパッケージデザインを変更。顧客にスポーツを行う子どもが多かったため、躍動感があり、成長を後押しするイメージのデザインを採用した。さらに、初のブランドアンバサダー（名称「セノビル応援サポーター」）として、元バレーボール日本代表の木村沙織さんを起用。翌年2020年には、元メジャーリーガーの川﨑宗則選手などが就任した。2023年3月末現在で、累計販売数4000万袋を突破している。

千明代表は、通販は顔が見えず不安な顧客もいるだろうと推測する。そんな不安を払拭するべく、顧客を招いたイベントの開催や、HPでもスタッフの顔写真を掲載している。信用を大切にし、スタッフと顧客がコミュニケーションを図れるように、「顔が見える会社」を目指し取り組んでいる。

ジュニアアスリートの夢の実現をサポートする「チームセノビル」スポンサー活動も活発

エメトレでは子どもたちの可能性を最大限に広げられるよう、創業2年目よりスポーツチームへの協賛を開始し、数多くのジュニアアスリートを応援している。

2018年には、商品提供やコミュニティを通して、ジュニアアスリートの夢の実現を応援するプログラム「チームセノビル」を発足。野球、サッカー、バスケットボールなどの球技に加え、BMXやサーフィン、総合格闘技、スラックラインなど、その競技は様々だ。

「最初にサポートしたのは、プロスノーボードの選手でした。今では世界大会に出て活躍する選手がたくさん在籍していますし、中には、元々お客様だった新体操の選手が日本代表に選ばれるなど、子どもたちの成長や夢を実現していく姿を見られることは本当に嬉しいです」

さらに、社会貢献活動にも取り組んでおり、地域や世界の子どもたちの健康も支援している。

未経験から始めた有機農業、自社農園ちあきファーム
「無農薬で安全な作物を子どもたちに届けたい」

ちあきファームにてスタッフと家族が農業体験

２０２１年、「家族みんなで美味しく食べられる食物を届ける。」をミッションに、農事業部「ちあきファーム」を設立。千明代表は農業未経験だったが、自社農園で有機農産物を作り出すため挑戦を始めた。農家の平均年齢は67歳で、新規就農者も少ないため、10～20年後には農家が減ってしまう。また、耕作放棄地が多くあることを知り、活かせる土地があるのであればと、自ら立ち上がったのだ。

「子どもに農薬を使った食物を与えることに抵抗のある人は多いのではないだろうかと思い、自分たちで安全なものを作ってお客様に届けようと決意しました」

ちあきファームでは、コロナ禍での抵抗力を高めようと、生姜やニンニクを栽培。その他、大根やサツマイモ、白菜なども育ててきた。

しかし、自然相手の農業は一筋縄ではいかず、「作物は農薬を使わないと病気になりがちです。他に感染しないようにするには、抜いてしまうしかありませんでした」と、苦労した面も明かす。それでも千明代表は、同社のサプリメントを飲んでいる顧客の顔を思い浮かべながら、妥協せず有機栽培にこだわり、有機ＪＡＳの認証を取得した。

収穫した野菜や加工した商品は、自社サイトでの販売に加え、農家とエンドユーザーをつなぐ通販サイト「食べチョク」にも出品している。

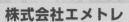

前職では得られなかった、ユーザーのリアルな反応
目指すは業界売上Ｎｏ．１と、サポートした子どもの世界Ｎｏ．１

エメトレでは、子どもだけにこだわらず幸せな家族を増やすために、今後も新商品を展開していく。同社には、サプリメントの購入者から様々な声が寄せられる。

「両親共に身長が低く諦めていたが、両親の身長を大きく超えた」「目覚めが良く、次の日の疲れが違う」など、購入者からの喜びの声はやりがいを感じられるという。岩中氏は前職で、「どんなに良い薬であっても医師を通してしか患者様に届けられないので、直接使用者の声を聞くことができませんでした。今のビジネスであれば、商品や想いをダイレクトに届けられて、お客様の反応がよく分かるので嬉しいです」と話す。感想と共に写真も添付されていることがあり、千明代表も「その笑顔を見て、この子が飲んでくれているのかと思うと嬉しくなります。大工でも元請けと下請け

株式会社エメトレのスタッフ一同

とでは違います。やはりお客様の顔が見えるのは良いですね」と顔をほころばせる。

千明代表は今後のエメトレの夢は2つあると話す。まずは、子どもサプリ業界で売上No．1を目指すこと。セノビルのロゴを見ればすぐに商品をイメージできるようになるのが理想だ。海外展開にも挑戦したいと話すが、国によって法律や制度が異なっていたり、ニュアンスや表現の仕方が違うことで本当に伝えたいことを正確に伝えるのが難しかったりする。だからこそ、やりがいもあるという。

もう1つの夢は、チームセノビルでサポートした子が世界一を獲ること。子どもたちの活躍と共に、ブランドの認知度も上がっていくことが理想だ。

昨今、製造原価や物流費などあらゆるコストが上がっているが、商品は今後ブラッシュアップしていく方針だという。千明代表は「成分にこだわっているので価格は少し高めですが、お客様にご満足いただける商品や対応など、小さな信用を積み重ねて他に負けないブランドにしていきたい」と話す。理想は商品が口コミで広がっていくことだという。

これからも子どもたちと共に、エメトレは伸び続けるだろう。

President Profile

千明　哲治（ちあき・てつはる）

昭和 52 年生まれ。
もともと大工業をしていたが、自身に子どもができたことを契機に、世の中の子どもたちの成長を支援するような仕事を手掛けたいという思いが募り、事業を模索。現取締役副社長・岩中氏との出会いをきっかけに、平成 26 年に株式会社エメトレを設立し、子どもの成長を手助けするサプリメントの開発・販売事業をスタート。以来、「DR.SENOBIRU」のヒットを皮切りにサプリメントの開発・販売やジュニアアスリート向けメディア「To be Stronger」の制作・運営、農事業、スポーツ支援活動など「子どもたちの元気と笑顔と家族の愛であふれる社会を創る。」を理念に活躍の幅を広げている。

Corporate Information

株式会社エメトレ

EMETORE エメトレ

所在地

〒 100-0004 東京都千代田区大手町 1-5-1
大手町ファーストスクエア イーストタワー 4 階
TEL 0120-37-9981

設　立

平成 26 年

資本金	従業員数
999 万円	11 名

事業内容

サプリメントの企画・開発・販売、Web・動画メディアの制作・運営、
農作物の生産・加工・販売

企業理念

子どもたちの元気と笑顔と家族の愛であふれる社会を創る。

コーポレートサイト　https://emetore.jp
SENOBIRU ブランドサイト　https://senobiru.com
ちあきファーム　https://chiakifarm.com

変化に順応できる組織体とそれを支える人財の育成

「着眼大局、着手小局」。日々の積み重ねの大切さ

株式会社 エコー

代表取締役社長 **柴木　秀之**

コンサルとして複数の能力を有し、全ての部署においてデジタル化に適応する能力も求められると考え、〝人財の多能力化〟をイメージしています

今年で創立49周年を迎える株式会社エコーは、港湾・海岸・河川の調査、環境解析や設計などを強みにする建設コンサルタント企業だ。当初日本テトラポッド（株）の子会社として、コンサルタント業務を主体に歴史を積み重ねてきた。現在ではその展開分野も広がり、港湾の整備計画や水中生物の環境調査、設計や施工監理など、業容が拡大している。

現在、同社の陣頭指揮を執るのは、２０１７年に代表取締役社長に就任した柴木秀之代表だ。安定した収益の改善、拡大を目指すと同時に、将来を見据えて人財の育成や組織体制の強化にも積極的に取り組んでいる。常に変化し続ける商環境に適応するべく、優秀な人財が有機的につながった会社組織の構築が最優先課題である。

最新の第８次中期経営計画（２０２３~２０２５年）が進行中で、「人財、財務、技術、品質、業務」という5つの経営基盤をより強固にする目標を掲げている。ここでも重要になるのは変化に順応できる組織体とそれを支える人財の育成だ。「企業は人なり」とよく言われるが、それを体現しているのが中期経営計画に象徴されるエコーの経営指針。人財育成と収益性の向上が緊密に連携した計画といえるだろう。

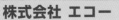

独立した組織として体制固まる
中期経営計画もその経営基盤の強化に貢献

エコーは当初、コンサルタント業務が軌道に乗るまで日本テトラポッド（株）の業務を受注していた。役員も親会社からの出向社員で構成され、経営基盤も発展途上だったという。1981年、初の5カ年経営計画を策定。増資も実施し、営利企業として自立の道を歩み始める。親会社のコンサルタント事業の全てをエコーへ移管。環境計画や数理解析などの課を整備し、その後の企業組織の基礎となる要素が構築されていった。柴木代表がエコーへ配属されたのはちょうどこのころで、1985年のことだった。「私がエコーへ来たころには組織の体制はかなり出来上がっていた」と当時を振り返る。港や漁港などの開発計画、河川など現地環境の調査、波の動きを水槽で再現し解析する作業など、後の主要な業務体制が揃いつつあるタイミングだったようだ。1988年には同社初のプロパー社員を採用。売上規模は10億円に到達し、順調に業容が拡大していった。

1990年代後半からは、給与体系や業績表など、より細かな社内制度が整備されていく。時を同じくして自社株化を進める動きも本格化する。社員による持ち株会も発足したほか、出向社員をエコーへ完全転籍する施策を実施した。こうした一連の措置は、一丸となって会社の収益アップに向けて努力しようというモチベーションの向上に大いに役立ったようだ。特に出向社員の転籍は「組織力強化の点から（その相乗効果が）大きかった」という。

2002年、現在も続いている中期経営計画の記念すべき「第1次」の計画が策定された。このころからシステマチック（組織的）に計画を立てられるようになった同社。自社株式の保有数も増え、2011年ごろには完全に独立した組織として運営できるようになった。2014年には新規開拓を目指して、沖縄環境部が設立された。柴木代表が社長に就任する2017年までには、より経営の独立性が担保され、独自の会社運営ができる体制が整ったようだ。年を経るごとに、独立した企業体として必要な組織体系や事業制度などが充実していった。20年来、着実に実行されてきた中期経営計画もその経営基盤の強化に貢献している。

建設コンサルタント技術者としてのキャリアを積む

社長就任後、組織力の向上を目指し改編を実行

エコーはコンサルタント業務に関する専門家集団だが、柴木代表も工学博士など専門知識を持った技術者である。愛媛大学工学研究科で海洋工学を専攻した後、１９８３年に日本テトラポッド（株）に入社。前述の通り、２年後にエコーの数理解析課に配属され、建設コンサルタント技術者としてのキャリアが本格的にスタートした。その後、１９９２～１９９４年にかけて、運輸省（現国土交通省）の港湾技術研究所海洋エネルギー研究室で技術研修を受ける。テーマは「沿岸防災に関する数値解析とそのシステム化」というものだった。現在の業務にも活かされている内容である。２００４年には、業務を通して得た知見を論文にまとめ、工学博士の学位を取得。また、管理技術者の資格である建設部門の技術士も取った。こうした実務と研究という異なる環境や切り口で研鑽を積んだ経験も、技術者としての幅を広げる事に役立ったようだ。

サンゴ礁を調査し、繁殖が可能な似た環境へ
サンゴを移動・保護する活動

こうして着実に技術者としての経験を積んでいった柴木代表。２００８年には防災・水工部長、２０１０年には執行役員に昇格する。２０１１年、取締役を経て２０１７年

には代表取締役社長に就任した。また2019年からは、一般社団法人の港湾技術コンサルタンツ協会の会長も務めている。同社の業容拡大と歩を合わせるように、柴木代表も着実にキャリアを積み上げていった。

社長に就任した年、第6次の中期経営計画を策定すると共に、事業部制を導入する組織改正を実施した。それまで先輩達が推し進めてきた組織力の強化をさらに促進させる狙いである。今年からは新たに第8次の中期経営計画がスタートしている。

現在の業務は、計画・設計が約3割、解析業務が3割、残りが海外と環境関連の構成。沿岸業務は港湾、漁港、海岸などの整備計画に関するサポートを担う。防波堤、岸壁、海岸の施設などその対象は幅広い。設計・施工監理では防波堤などの構造物の設計、地盤などの解析、維持管理などが業務範囲だ。

自然環境の調査では水中の地形や生態系の調査を実施。また波浪、波の動き、地形変化の解析もカバーする。模型を使った実験で、波の動きを調べる水理解析も請け負っている。

海だけではなく、河川に関する業務も行う。河川の整備や環境調査、保全計画など、海と同様の内容だ。そのほか、アジアや中南米、アフリカにおいて、港湾を主体とした業務も手掛けてきた。

2014年に新設された沖縄環境部の仕事も柱の1つになるまで成長した。これは埋め立てなど港湾整備工事に際して、現地のサンゴ礁を調査し、移動・保護するという業務内容だ。繁殖が可能な似た環境へサンゴを移すなど調査と開発をサポートする。

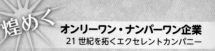

課題は行き過ぎた専門性による「縦割り化の改善」
DX推進室を起点にスタッフの意識改革にも着手

株式会社 エコー

親会社からの独立の経緯をつぶさに見てきたこと、また長らく現場に直接関与した経験も影響しているのかもしれないが、柴木代表は現場のスタッフがうまく連携し、組織力を発揮できる体制、環境づくりを特に重視している。それによりどうすれば組織の能力を最大限に発揮できるのか、という命題に取り組んでいるのだ。

第8次中期経営計画においても、人財育成と機能的な組織運営は重要な位置を占めている。主な課題は「組織の縦割り化の改善」だ。現在の会社組織について柴木代表は、専門化が行き過ぎて、「縦割りの弊害がでてきている」と分析している。部門間に壁ができ、横の連携がしづらい状況に陥っていると見ている。

組織の能力を最大限に発揮するべく、組織改編を行っている

そうした現状を改善するために行ったのが、新たな組織改編だ。事務系の管理本部と技術系の事業本部で構成されるが、いくつかの新しい部署を設けて、組織内の横軸の意思疎通を円滑にしようと考えた。

その打開策の1つとして、新たに「経営企画部」を立ち上げた。傘下にはシステム管理室やDX推進室など4つの部署を設けている。4つある全ての事業部（環境系事業部、防災系事業部、構造系事業部、国際事業部）を支援していく目的がある。また、社長直属で〝成果照査〟を目的とした「事業管理部」

を設置し、組織全体の業務がスムーズに進むようサポート体制を整えている。

そのほか、事業本部傘下の沿岸計画部の下に「環境計画室」を設置。今後さらに需要が高まることが予想される二酸化炭素のオフセット計画や設計をサポートする部署も置いた。防災系事業部の下には構造解析部、環境解析部を設置。こなすべき業務が部署ごとで偏りがないよう平準化し、組織全体の効率性を高めようとしている。

〝人財の多能力化〟を追求、環境適応能力を磨く 横軸で価値観の共有化で総合力の向上を図る

カギを握る部署の1つが、新設された「経営企画部」傘下にある「DX推進室」だろう。デジタル化が進むと顧客が求める業務内容も同時に変化していくが、それに順応するための取り組みの一環である。その1つが「サイバーポート」と呼ぶデータベース業務の受託。港に関する全ての情報を電子化し、関連付けして付加価値を高めようとしている。

そのほか、今後あらゆる業務において急速にデジタル化が進む状況を見越して、今から人財の意識改革まで踏み込んだ改善も進めようとしている。これは行き過ぎた専門性を適度に平準化する試みの1つだ。「採用する人材は専門性が高く優秀なのですが、それゆえ環境変化についていくため視点を変えることが苦手な場合が多い。デジタル化がその最たる例ですが、工事現場ではロボットや監視システムを使った自動化や、ドローンを使った測量方法などがどんどん浸透している。そう

した現状を理解し、慣れてもらうための改善です」

従来の手法とは異なる新しいデジタル技術の現場を認識してもらうのが目的とも言える。「〝人財の多能力化〟をイメージしています。コンサルとしては複数の能力を有し、多能化しないと通用しない面があるからです。全ての部署において、今後デジタル化は避けて通れない課題。デジタル化する現場に適応する能力も求められると考えるからです」と語る柴木代表。外部の環境変化に順応するべく、今から手を打っている。

まだアイデアの段階だが、こうしたシステムを発展させて、各社員に適した育成プログラムや支援方法が提供できる仕組みも実現しようと構想している。デジタルを通じ、環境変化への順応力を身に付け、さらに将来のスキルアップの方向性も具体化させる発想だ。

こうした着想の根底には、人財を中心とした企業の収益力の向上を図るという狙いがある。まず人財の確保、社員の満足度の向上、生産性の向上といった、人のパフォーマンスや仕事環境の整備を優先するという価値観である。働きやすい環境を整えると言い換えてもいいかも知れない。最大限の力を発揮する組織体を構築し、高い品質とサービス提供を実現させて高い収益力へつなげるという企業成長の戦略だ。

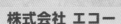

最大の苦労はスタッフ間の円滑なコミュニケーション 取り組むべき課題を体系化、目標と手段を鮮明にする

スタッフ間でコミュニケーションを大切にし、意思疎通を図っている

座右の銘にも、「人財育成と組織力の向上」という柴木代表の価値観が表われている。最も苦労していることは「管理職と現場スタッフとのコミュニケーション」だという。その解決策として柴木代表は「やってみせ、言って聞かせて、させてみせ、ほめてやらねば、人は動かじ」というかつての海軍大将、山本五十六の格言を参考にしている。「特に若い人には経営理念や現場の指示については、かみ砕いて具体的に分かりやすく伝えないと理解してもらえません。様々な部署や年代、グループにおいてコミュニケーションを図る機会を増やしてほしいと社員には要請しています。意志疎通が図れれば、仕事のストレスも減るでしょうし、安心にもつながると思うからです」

大切にしている言葉は、プロ棋士の升田幸三の「着眼大局、着手小局」。大局につながる事は日々取り組む非常に小さなことの積み重ねであるという意味合いがある。「中期経営計画という大局と、日々の業務という小局を常に意識してほしいという願いから、事あるごとに必ず触れる格言です」

緻密に構築された人財育成と組織力強化の論法。一見難解に見えるが、大局と小局という複眼で取り組むべき課題を体系化しているため、目指すべき目標とその手段とがとても分かりやすくなっている。これから目指す進化したエコーの将来像は、明確である。

President Profile

柴木　秀之（しばき・ひでのり）

昭和 33 年生まれ。
昭和 58 年 3 月に愛媛大学工学研究科海洋工学専攻を卒業。
同年 4 月、日本テトラポッド（株）に入社。
昭和 60 年、（株）エコーの数理解析課に配属。
平成 4 ～ 6 年、運輸省（現国土交通省）港湾技術研究所海洋エネルギー研究室に出向。
平成 16 年、工学博士の学位取得。
平成 20 年、防災・水工部長。
平成 22 年、執行役員。
平成 23 年、取締役。
平成 29 年、社長就任。

Corporate Information

株式会社 エコー

所在地

〒 110-0014　東京都台東区北上野 2-6-4　上野竹内ビル
TEL　03-5828-2181

設　立

昭和 49 年

資本金	従業員数
1 億円	169 名（令和 4 年 7 月現在）

業務内容

建設コンサルタント業務、港湾整備計画、自然環境調査
防災・環境解析、設計、施工監理

経営理念

一、私たちは、責任あるコンサルタント活動を通じて、調和のとれた豊かで住みよい社会の実現に寄与します。
一、私たちは、建設コンサルタントとして、幅広い知識と高度な技術を応用し、新しい価値を創り出します。
一、私たちは、家庭人、企業人、社会人として、常に自らを取り巻く環境に心を配り、自己啓発に努めます。

https://www.ecoh.co.jp/

和の伝統文化を五感で体験できる唯一無二の京町家

予約の取りにくい京都屈指の人気スポット

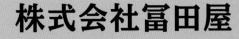

株式会社冨田屋

代表取締役社長　**田中　峰子**

『京都に来たら、
一度は行ってみたい』と
思っていただけるような
町家文化発信的な
存在にしていくことが
私の夢であり
目標です

Excellent Company
Only One & Number One Enterprise

「おばんざい」、「西陣織」、「舞妓遊び」、「祇園祭」、「お抹茶」……。これらのワードを聞いて誰もが思い浮かべるのは日本の古都・京都だろう。

京都にはこれら、昔から伝わるいくつもの伝統文化がある。こうした文化が今も変わらず、令和の時代を生きる若い世代や異国の人々から愛され、親しまれ、歓迎を持って未来へ受け継がれようとしている。

いつの時代も人々を魅了する、こうした和の文化を、五感で存分に体験できる場が京都・西陣にある。それが、冨田屋を舞台とした「西陣くらしの美術館」だ。ここには今、日本の伝統文化や京都のしきたりなどを体験しようと、海外からの観光客を中心に数多くの人が来訪。予約の取りにくい、京都屈指の人気スポットとなっている。

「人々の祈りや願いが発端となって文化が生まれますが、それが何十年、何百年、何千年と未来永劫続いていくためには、楽しさがないといけません。私どもも、文化体験を通して、お客様に楽しみや喜びを感じていただくことを何より大切にしています」

こう穏やかな表情で話すのは、「西陣くらしの美術館」創設者で、13代目冨田屋代表の田中峰子氏。「今に至るまで、紆余曲折いろんなことがありました」としみじみ語る田中代表に、これまでの歩みや現状、未来への展望など、多忙な合間を縫って様々なお話を伺った。

1885年に呉服屋として冨田屋を設立
苦境に陥った冨田屋を救うべく代表に就任

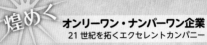

和の伝統文化の素晴らしさを体験できる冨田屋

当時呉服屋として冨田屋ができたのは1885年。140年も前から変わらぬその建物内で、京都・西陣の伝統と文化、風習やしきたりなどを体験。今は毎日、利用者の「きゃっきゃ」と笑い、喜ぶ声が建物内に響き渡る。

そんな、冨田屋の起源は前述よりさらに遡る江戸中期。京都・伏見で冨田屋藤兵衛が両替商を始めたことが始まりだ。

「商売が繁盛するとともに、茶道や能楽にも精通していたと聞いています」

しかし、1868年に起こった「鳥羽伏見の戦い」で建物は全焼。親戚を頼って逃れてきたのが西陣だった。「西陣は織物の街でしたが、腕のある職人が大勢いる一方で問屋がありませんでした。そこでできたのが、西陣産地問屋の冨田屋でした」

商い開始以来、着物や帯は飛ぶように売れ、明治・大正・昭和と隆盛が続いた。「昭和30~40年代がピークだったでしょうか」

一方の田中代表は、子どもの頃から茶道や生け花、日本舞踊を嗜むなど、文化的なものに触れながら幼少期、学生時代を過ごした。社会に出てからは、教育活動に注力し、学生や社会人など幅広い世代に和の文化などを教える活動を行った。

そんな田中代表と冨田屋。2つの接点はどういったものだったのか。「私の実家が経営していた会社と冨田屋の両方と付き合いのあった、ある銀行さんの仲介がきっかけで、冨田屋へ嫁がせていただくこととなりました」

「トラック6台でお嫁に行きました」と、明るい未来を信じて冨田屋の一員となった田中代表。老舗の大店をバックに明るく楽しく子育てをする日々が始まったが、その生活も長くは続かない。10年程して、呉服業界は不況に陥り、冨田屋の経営状況も悪化していく。「うちの実家は変わらず業績好調だったので戻ろうかとも考えました（笑）」

しかし、田中代表のこうした考えをよそに、跡継ぎ依頼を受けることとなる。「取引先の社長から冨田屋オーナーから、『冨田屋を絶やさないで欲しい』と強く懇願され、逃れられなくなり、覚悟を決めてお引き受けさせていただきました」

こうして1988年に、冨田屋代表取締役社長に就任し、13代目冨田屋藤兵衛を受け継ぐこととなった。

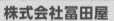

1999年の登録有形文化財登録が大きなターニングポイントに
苦労の末に「西陣暮らしの美術館」冨田屋が誕生

代表就任後、田中代表は冨田屋の灯を絶やすまいと、毎日全国を飛び回り、復興に向けて奔走した。身を粉にして働き続け、それなりに成果は上がっていたものの経営悪化の歯止めはきかず、心身の限界を迎えていた。「〝もう逃げ出したい〟と、途方に暮れていたその時です。夜中に神様の声が聞こえました」

翌朝、田中代表はスッキリと目覚め、肩の荷がストンとおりる感覚を味わった。「西陣にたくさんの人が来てくれるようになると良いなと感じました」

それから程なくして、文化庁から連絡を貰う。『冨田屋を国の登録有形文化財にさせてもらえないか』と。1999年に、冨田屋は正式に登録有形文化財に。このことが冨田屋の大きなターニングポイントとなっていく。「文化財にもなった唯一無二の冨田屋を守っていくにはどうすればいいか。考え抜いた結果が京都文化の発信地での、京都文化の体験事業でした」

こうして両替商、呉服問屋と続いてきた冨田屋が、「西陣暮らしの美術館」として公開され、文化を広める施設へと生まれ変わったのだ。この「西陣暮らしの美術館」実現の裏には、田中代表の人知れぬ大きな苦労があった。「まず呉服の在庫を全て無くす作業に奔走し、100年もの間、ものを捨てなかった家や蔵の整理を、膨大な時間と労力をかけて行いました」

その後、パンフレットを制作、HPも立ち上げ、満を持してスタート。当時を田中代表は次のように振り返る。「当時は旅行会社との繋がりもなく、類似の施設もなかったことから認知度はほぼ0でした。それでもご利用いただいたお客様には大変喜んでいただき、『冨田屋を絶対に無くさず守って下さい』というお声もたくさん頂戴し、地道に一生懸命に事業を続けていきました」

一人ひとりに心を込めた接客を行い、口コミや紹介などから少しずつ認知が広がり利用者も増えていった。軌道に乗ってきた「さあ、これから」というタイミングで、思いもよらない壁にぶち当たる。

コロナの流行という大きな障害
諦めずに努力し、隆盛期を迎える

株式会社冨田屋

静謐さをたたえる冨田屋の坪庭

２０１９年末から始まった新型コロナウイルスの大流行は、日本に大きなインパクトと経済に打撃を与えた。特にインバウンド市場は深刻で、冨田屋も利用客がピタリと止まってしまった。「外には人っ子一人いない。でも今は耐え時だと。今できることをやろうと」

インバウンド市場回復の時期を見据え、田中代表は閑古鳥が鳴いている中でもとにかく働き続けた。力を注いだのがインターネット上からの情報発信だった。「ＨＰやＳＮＳを充実させるなど、とにかくネット上からのアピールを続けました」

田中代表のこうした努力が実ったのは２０２３年３月。この時期から外国人観光客からの利用申込依頼が殺到し始めたのだ。「３～４月と依頼が爆発し、たくさんのお客様のご要望にお応えしていくため、朝から晩まで一生懸命働きました」

こうした中にあって、今も予約の受付から舞妓の手配、利用者への接客、冨田屋の経営と、全ての仕事を自らこなしている。現在スタッフは20名の体制だが、「人手が不足している状況ですが、闇雲に人員を増やすようなことはしたくありません」と、人材へのこだわりを見せる。「今いるスタッフは皆京都文化が好きな人たちばかり。今後も文化が好きで、それを伝えることに喜びを感じられるような人材に入ってきて欲しいと思っています」

大車輪の活躍で冨田屋を切り盛りし、多忙ながらも充実した毎日を送る田中代表。そんな彼女に仕事の原動力となっているものを伺った。「まずは明治から代々続くこの冨田屋を守り続ける責務。それと、脈々と受け継がれてきた文化を伝えていくという責任。そして何よりお客様の笑顔。冨田屋での体験を通して笑顔になっているお客様のお顔を拝見すると、疲れも吹き飛びます」

およそ140年前の建物が改装されずに残る〝本物の京町家〟
真心を込めた接客で感動と喜びを提供

文化体験の場として日々多くの来訪者を受け入れる冨田屋は、2つの井戸と3つの蔵、6つの庭とお茶席が3つ、能座敷が1つという作りになっている。140年近く前の建物はほぼ改装されずに今に至る。まさに本物の京町家だ。

「家の中のしつらえも、季節ごと、時期ごとに毎月変え、京町家のリアルな暮らしを公開しています」

冨田屋で利用者が体験できるのは、お茶や着物、お香や折り紙、書道、華道、伝統弁当など、多岐に渡る。

「他にも正月、お雛会、七夕、お火焚き、大根焚き、日本舞踊、日本料理、寿司体験、昔遊びなど季節ごとの行事も体験いただけ、舞子ディナーや町家結婚式といったプランもご用意しています」

これらどのプランを選ぶにしても、冨田屋では必ず最初に体験してもらうプランがあるという。それが、「町家見学としきたりの話」だ。「まずはこの冨田屋の建物内部と家具・調度品をご覧いただき、代々受け継がれてきた商家のしきたり、暮らしぶり、日本文化や京文化の説明をさせていただきます。その後のプランを心から楽しんでいただくため、はじめにこうしたご案内をさせていただいています」

練りに練られた体験プランに真心を込めた接客を加え、利用者に感動と喜びを提供する。「着物や帯に感動していただくこともありますし、お茶を体験すると皆さん『ストレスが無くなっていく』と仰られます。着物を着てはしゃいで写真を撮ったりしている方でも、一歩お茶席に入り正座をするとシーンと厳かになる。落ち着きや癒しも感じていただけるようなお声も多く頂戴します」

利用者のこうした反応を目の当たりにする度、田中代表は、「本物であることが私どもの強み」だと、しみじみ実感するという。

「まじめに一生懸命に仕事をしていればいつか報われる」
「冨田屋を『京都に来たら一度は行ってみたい』と思われる存在にしていきたい」

「コロナ前まで、京都では色んなお店や施設が京文化の体験サービスを実施していましたが、コロナを機にサービスの提供を止める所が続出しました。でもうちは止めませんでした。それは冨田屋が提供する全てが心のこもったものであったからです。空間や品物、作法全てが先祖代々受け継がれ

「お人に喜んでいただくことを一生懸命にさせていただく人生を全うしたい」と話す田中代表

てきた洗練されたもので、今多くのお客様に感動や喜びを感じていただけているのも〝本物〟だからだと私は確信しています」

代表に就任以後、幾多のピンチを乗り越えながら、笑顔と活気に満ち溢れる令和版・冨田屋をつくりあげた田中代表は、「これまで神様に救っていただきながら紡いできた歴史ですが、純粋に、まじめに一生懸命に仕事をしていればいつかは報われると、今冨田屋にお客様が大勢いる光景を見ていてつくづく思います。これからも、〝利他の精神〟を持って、お人に喜んでいただくことを一生懸命にさせていただく人生を全うしたいと思っています」と瞳を輝かせる。

さらに、「冨田屋のような、日本文化の素晴らしさを体験できる場を世界中に作っていくこと。そしてこの冨田屋を、誰もが『京都に来たら一度は行ってみたい』と思っていただけるような京都のアイコン的な存在にしていくこと。これが私の夢であり目標です」とも。

〝朝は希望に起き、昼は愉快に働き、夜は感謝に眠る〟という経営理念のもと、自身で描く夢に向かってこれからもエネルギッシュに活動していく。

President Profile

田中　峰子（たなか・みねこ）

UCLA 語学学校アメリカ短期留学。大阪教育大学卒業。

その後冨田屋代表取締役社長就任、冨田屋藤兵衛 13 代目を受け継ぐ。

大学をはじめ各団体から依頼を受け講師業を長年に渡り勤める。

きものマナースクール古都の風和道会学院長。テレビや新聞など各メディア媒体の取材多数。

Corporate Information

株式会社冨田屋

所在地

〒 602-8226　京都市上京区石薬師町 697
TEL 075-432-6701　FAX 075-432-6702

設立

江戸中期冨田屋設立、明治 18 年西陣に冨田屋を築く。
昭和 62 年現在の冨田屋のビジネススタイルを開設

資本金	従業員数
2,000 万円	20 名

事業内容

和の文化体験、和のマナースクール運営

代表挨拶

国の登録有形文化財の指定を受けたのを機に「西陣くらしの美術館」として公開を始めました。

昔ながらの風習や生活を受け継ぐ家はほとんど残されておりません。


―　着道楽京都の真ん中西陣　―


ここで呉服商を営み、毎朝家中の神さんごとから一日が始まるといった、京の女達が代々受け継いできた風習やしきたりを守るのは、容易なことではありません。

息をしている町家から出る「気」を感じていただきたい。そして、こういった西陣に伝わる心身共に美しく生きる知恵を少しでも後に残していきたいと心より願って止みません。

https://tondaya.co.jp/

ジュエリーを通して 人に笑顔と幸せを届ける

人生100年時代のモデルケースとして注目を集めるシニア起業家

合同会社オフィスＴＡＲＵ

代表社員　**上水樽　文明**

今後も、
ビジネスの
基本である
〝三方よし〟の精神で、
お客様、仕入先様に
笑顔を届け、
社会貢献して
いきます

人生に影響を与えた大学時代のボランティア活動と一冊の書籍との出会い
宝飾品の知識獲得や人間的成長など濃密な時間を過ごした京セラ勤務時代

今、「人生100年時代」と呼ばれているように、日本人の寿命は延び続けている。将来2人に1人が100歳まで生きる社会が当たり前になろうとしている中、話題となっているのがシニア世代の生き方だ。

これまでは、「60歳定年→余生を年金生活」といったライフスタイルが当たり前だった。しかし寿命が延びることで、定年後の人生が年金生活一択ではなくなろうとしている。少子化による労働力不足や医療・介護費の増大、現役世代の社会保険料負担増といった経済的課題を解消すべく、社会がシニア世代に求めているのは、「健康寿命の延伸と生涯現役の生き方」だ。

書店を覗けば、「シニアからの副業・起業」をテーマとした書籍がわんさと立ち並ぶ。しかし多くの人が、「興味はあるがどうしていいか分からない…」、「人脈もコネもないし…」と一歩を踏み出せず悩んでいる。

こうした中、シニア世代のモデルケースとなるような生き方に大きな注目が集まる起業家がいる。それが合同会社オフィスTARU代表の上水樽文明氏だ。「今私は自分の経験を活かした宝飾品事業を手掛けていますが、手段はなんであれ、自分が楽しむことと、人を笑顔に幸せにすることが何より大切だと思っています」

こう話す上水樽代表に、起業の経緯や現状の事業内容、未来への展望など、様々なお話を伺った。

「大学時代や勤務時代の経験が
今に活かされている」と話す上水樽代表

「鹿児島に水樽という地名があり、その上に家が位置していたので苗字が〝上水樽〟。全国に90人程しかなく珍しいんですよ」

鹿児島出身の上水樽代表は、高校まで地元で過ごし、大学から京都へ。京都での大学生活で、今の活動に通ずる貴重な出会いや体験をする。「大学時代、ロータリークラブの青少年団体で老人ホーム慰問などボランティア活動に熱中しました。人に喜んでいただけることが自分の性に合っていることを発見するとともに、ロータリークラブの経営者の方々と接する機会を得て、企業経営者に関心を持つようにもなりました」

さらにこの時期、大学卒業後の進路に影響を及ぼす一冊の書籍と出会う。「京セラ創業者である稲盛和夫氏の伝記本を偶然手に取り、強い感銘を受けました」

上水樽代表は、稲盛氏や京セラへの強い憧れや共感から、大学卒業後、京セラ株式会社へと入社。独立・起業するまでの33年間を同社で過ごした。京セラ時代は、新素材を使ったセラミックナイフなど日用品の販路開拓。ドイツの陶磁器メーカー・マイセンと共同開発し、世界に先駆けて作った宝石素材の玉器、美術工芸品の啓蒙活動。天然色石宝石が枯渇する中、地球に代わって育てた天然宝石と同一成分のピュアな人工宝石の販売など、多様な業務を行ってきた。「私が入社当時、京セラはソニーを抜いて株価日本一になるなど勢いがあり、チャレンジ精神の空気が社全体に満ち溢れていました。その中で私も新規事業の開拓など、色々と新たなチャレンジをさせていただきました。失敗も多かったですが、京セラにはそれを評価・許容してくれる土壌がありました」

こう振り返る上水樽代表は、京セラ勤務時代に宝飾品の知識の獲得や人間としての成長など、濃密な時間を過ごした。「この時間の中で私は『自分に何が合っているかではなく、まずは自分に与えられた仕事を一生懸命やることにより好きになることが大切』という創業者の言葉に覚醒し、新規事業の実行を通して『断じて行えば鬼神も之を避く』と言える程に、たゆまない情熱がないと成就しないことを学びました」

東京・鹿児島の2つを拠点に独立・起業
「人工宝石のクレサンベールはお客様の笑顔をつくる推奨商品」

京セラで着実にキャリアを築いていた上水樽代表に、大きなターニングポイントが訪れたのは2014年。この年、長年勤めた会社を離れ、独立する決意を固める。「当時私は55歳でしたが、鹿児島で暮らす母親の見守りを増やし、親孝行をしたいと思うようになりました。また京セラで学び得た経験を活かし、これからも定年に関係なく長く働き、社会に貢献したいとの想いが募り、経営者になる道を選んだのです」

こうして2015年に東京と鹿児島の2拠点生活を開始し、合同会社オフィスTARUを設立した。

魅力的な宝飾品でお客様を笑顔に

上水樽代表が展開する事業は大きく分けて2つ。ジュエリー・生活雑貨の企画及び販売とイベント&催事の企画及び運営だ。「京セラ時代に学んだスキルであるジュエリー販売を事業の柱として、銀座を拠点に外商やイベント販売を行わせていただいております」

天然ダイヤモンド、天然色石、人工宝石、希少石、真珠、カメオ、プラチナ、金などを使用したネックレスや指輪、イヤリング、時計など、多種多様な宝飾品を扱う。「それぞれに魅力はありますが、例えば人工宝石のクレサンベールは、エメラルド・アレキサンドライト・ルビー・サファイヤなどがあり、お客様の笑顔をつくる当社の推奨商品と位置付けています」

さらにこれら宝飾品に加え、「今後事業の柱に育っていくでしょう」と上水樽代表が言うのはクリスタルガラス美術工芸品やタンブラーグラス日用品だ。「ご縁をいただいたドイツの芸術的マイスターによるグラヴィール彫刻を施したガラス製品やボヘミアングラス、薩摩切子などを特注オーダーにて製作致します。ドイツのマイスターに直接お客様の細かなご要望やお人柄を伝え、3～6カ月かけて世界で1つだけの特注オーダー品が出来上がります」

こうした、宝飾品や美術工芸品を扱う中で強みとなっているのは、前述のようなオーダー品の提供だ。「例えば富裕者層のお客様からの特注オーダー品は、ご自分使いに限らずお孫さんへのプレゼントなども多く、大変お喜びいただいております」

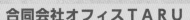

大手には真似のできないサービスやおもてなしが強み
クライアントから大好評だった「創業記念おもてなしツアー」

もう1つの事業の柱であるイベント&催事の企画・運営に関しては、「独自に貸し切ったレストランにお客様をご招待し、高級フレンチなどを召し上がっていただきながら、服飾デザイナーとのタイアップ企画なども盛り込んだジュエリー・美術工芸品のイベントをお楽しみいただきます。これまで銀座・鹿児島・那須塩原などで開催させていただきました。一方で京セラや他メーカーとのタイアップによるホテル催事にも年に数回参加させていただいております」

コロナ禍以降はこうしたイベント事が一時ストップしていたが、「コロナの状況次第ですが、今後また増やしていければと考えています」と上水樽代表。

「大手ではできないような、きめ細かなサービスやおもてなしも当社の大きな強み」と力を込める上水樽代表。この強みを象徴する前代未聞の取り組みを創業初年度に行っていた。それが、「創業記念おもてなしツアー」だ。「独立1年目の時期に、お買い物して下さった全てのお客様を赤字覚悟で旅行に無料招待させていただきました」

全て個別の対応（1組2～3名）で、東京から九州・鹿児島へ2泊3日の旅を実施。自宅へお迎えにいく所から始まり、スケジュールを全て組み、最後も自宅へお送りして旅を完結させる。「マンツーマンで全てをエスコートする手作り企画で、10組、合計30名程の方々をご招待させていただきました。皆様に大変喜んでいただき、お客様との絆がより一層深く増す結果となりました。今でも旅行に行かれたお客様から、『思い出に残る最高の旅でしたね』とお声をいただきます」

原動力は「お客様の笑顔をつくる付加価値を創出する」という経営理念「アーティストとお客様とを繋ぐ架け橋的な存在になっていきたい」

旅行のプレゼントや特注オーダー品の提供など、個々のクライアントに多大なエネルギーを注ぎ、真心を込めて誠心誠意対応する上水樽代表。そんな彼の原動力となっているのは、『お客様の笑顔をつくる付加価値を創出する』という自ら考案した創業以来変わらぬオフィスＴＡＲＵの経営理念だ。「京セラ時代に好きになり、私の天職となったジュエリーの仕事。そして大学時代のボランティア活動を通して気づいた人の喜びが自分にとっても最上の喜びになるという私の性。今、私の個性といえるこの2つを実践できていますし、経営理念にもこの2つの想いが込められています」

〝好き〟を仕事にして今、充実した日々を送る上水樽代表はさらに、「美しいジュエリーにお客様が触れる時に見られる満面の笑顔が、ご自身だけでなく周囲に幸福感を広げてくれる。私の仕事が笑顔の連鎖のきっかけとなり、ひいてはそれが社会貢献に繋がり、さらに人類、社会の平和と進歩発展に寄与するものへなっていくと信じています」とも。

現在はジュエリーに加え、調度品や美術工芸品も扱い、「将来はクラシック音楽でお客様に笑顔と癒しを届けたい」という展望をもつ。「当社の掲げるビジョンに『豊かな〝彩・奏・住〟のご提案』というものがあります。彩はベースであるジュエリー、奏は今後展開予定の音楽、住は調度品を意味しています。これらは全て私の好きな分野でもあります」

こうした芸術作品をクライアントに提供していく中で、上水樽代表は、「お客様が手に取る芸術作品の先にはそれを生み出したアーティストがいます。世界中にはまだまだ埋もれている素晴らしい作品、アーティストが多数存在しますので、私はそうした世に出ていない優れたアーティストとお客様を繋ぐ架け橋的な役割も担っていきたいと考えています。そのためには私自身の美的感性をもっともっと磨いていかなければなりません」と話す。

2023年5月から始まった鹿児島発の新たな取り組み シニア起業は〝仕事を楽しむ〟ことが大切

「コロナが落ち着いてきたタイミングで、鹿児島での活動も増やしていきたいと考えています」

こう話す上水樽代表は、東京中心の既存事業に加え、2023年5月から、一般社団法人アール・イーの理事として参画し、鹿児島発の新たな取り組みを応援する予定だ。

「2拠点生活を続けているうち、鹿児島を拠点に活躍する世界的な建築家や連続企業家、ラジオパー

世界にひとつだけの特注品をお届け

ソナリティーなど色んなジャンルの方々と人脈を築かせていただくことができました。その仲間たちがつくりあげた組織です。〃再生〃をテーマに、鹿児島の地からの社会貢献を目的としています」

このようにして独立以来、活躍の幅を広げ、多彩な事業を展開している上水樽代表。脱サラをして0からスタートした起業家の道は、今大輪の花を咲かせて現在進行形で進んでいる。「ありがたいことに、私の起業家としての活動が各メディアから注目され、取材依頼を多くいただきました。また今は中学や高校から〃社会人としての生き方〃をテーマとした講師依頼をいただくこともあります」

さらに、シニア起業を具体的に考える世代に対する講演依頼も多いという。「私が経営者となって実際に経験した実用的な部分のお話とともに、〃仕事を楽しむこと〃の大切さもポイントとしてお伝えしています」

現在63歳の上水樽代表。「今後も、ビジネスの基本である〃三方よし〃の精神で、お客様、仕入先様に笑顔を届け、社会貢献していきたい」

穏やかな表情と優しい語り口、それに素敵な笑顔がとても印象的だった。

President Profile

上水樽　文明（うえみずたる・ふみあき）

鹿児島県出身。京都外国語大学卒業後、京セラ株式会社入社。
以来 33 年間、主に宝飾応用商品事業部に在籍。東京外商営業責任者、クレサンベール銀座店店長、新陶芸営業部責任者に携わる。
平成 26 年 6 月、55 歳を機に京セラ株式会社退職。
平成 27 年 4 月、東京銀座を拠点に合同会社オフィス TARU を設立。
著書に『50 代からでも遅くはない！サラリーマンからのシニア起業術』(セルバ出版)がある。
自身の事業家としての活動が注目を浴び、メディアの取材依頼や講演依頼が舞い込んでいる。

Corporate Information

合同会社オフィス TARU

所在地

〒 104-0061　東京都中央区銀座 7-13-6　サガミビル 2F
TEL 03-6869-3235　FAX 03-6869-3236

設　立

平成 27 年

事業内容

ジュエリー・生活雑貨の企画及び販売、イベント＆催事の企画運営

鹿児島発の活動について

一般社団法人アール・イー

再生をテーマに、より良き社会に寄与する集団
社会の成熟化とともに、様々な分野においてその弊害が表面化してきております。例えば農業分野。いま一番話題にされ、必要不可欠と誰もが考える産業にも関わらず、その就業人口は年々大幅に減ってきております。その課題は、明白。その課題解決のために、他分野、特にアスリートやアーティストといった人々を中心に協業し、共に汗を流しながら取り組んでいます。

国土の再生…耕作放棄地、空家・古民家
システム・精度・慣習の再生…サツマイモマイスター、サツマイモソムリエ
思考の再生…キャリア教育「しごとびと」

https://office-taru.co.jp

ものづくりの精神を DXにも活かす試み

新規事業に取り組むチャレンジ精神が原動力

ミズタニセイキ

株式会社水谷精機工作所

DXを通じて
懇意になった顧客に
対し、ルーツである
ものづくりの営業も
させてもらえればと
考えています

前列中央左　代表取締役 水谷康朗
前列中央右　専務取締役 水谷知朗

株式会社水谷精機工作所

長年のノウハウの蓄積が実を結んだロケット部品製作
同時に時代の変化を読み取り新しい事に挑戦

１９３９年に創業し、約85年の歴史を積み重ねてきた水谷精機工作所。創業者である祖父の時代から、図面を引いて産業機械を製作するという職人気質のものづくりを真っすぐに続けてきた老舗の企業だ。現在も高い精度の機械加工と機械設備の設計製作が事業の柱である。

現社長の水谷康朗氏は3代目で、長年培ってきた技術力を活かして、ＶＲ（バーチャルリアリティ）やＤＸ（デジタルトランスフォーメーション）など新しい分野の開拓にも積極的に取り組んでいる。既存の事業を維持しながら新規顧客の獲得も同時に推し進めるという、柔軟な思考や発想が特長だ。

名古屋大学の依頼で製作したロケットエンジンの重要部品や、ＶＲ技術を応用した生産現場における効率化システムの構築など、新たに挑戦している対象は実に幅広い。最先端のデジタル技術に取り組む際、リアルな生産現場がなおざりになりがちなものだが、同社では蓄積してきたノウハウが最重要だと考えており、目新しい取り組みは地に足がついている観がある。

勤続60年以上という熟練工も現役で活躍する一方、外部から専門知識を持った新しい人材を採用しデジタルの新規事業にも力を入れている。温故知新とでも言うべき経営のバランス感覚が強みになっている。

水谷精機工作所は旋盤・平面研削盤メーカーとしてスタートした。機械設備の設計製作や精密機

2021年、回転デトネーションエンジンの世界初宇宙実証画像（提供：JAXA、名古屋大学）と使用された重要部品

械加工が得意で、設計から製作まで一貫して手掛けている。正確な加工技術が強みというものづくりの王道を行く企業だが、同時に時代の変化を読み取り新しい事に挑戦するという柔軟な一面も併せ持っている。

１９７０年、水谷社長の父親が専務のころ、今も活躍する「ＮＣ工作機械」を地元桑名市でいち早く導入した経緯がある。数値制御することで正確な加工ができる工作機械だが、今から50年以前からこうしたチャレンジ精神が根付いていた。

熟練の技術と先進的な挑戦が実を結んだ典型事例が、新型ロケットエンジンの重要部品製作だ。このエンジンは名古屋大学笠原研究室が開発して、２０２１年７月ＪＡＸＡ（宇宙航空研究開発機構）のロケットに搭載され、世界初の宇宙実証に成功した。製作したのはデトネーションエンジンシステム（ＤＥＳ）と呼ばれる効率化されたエンジンの気体燃料を噴出する主要部品。銅素材の円盤に直径０・８ｍｍの深穴を円周上に数十個開けるという高い技術力が要求される仕事だった。熟練工が主体になり、この難しい作業をこなしてデトネーションエンジンの完成に貢献した。

部品は３つのパーツから構成されており、これを組み合わせるベテランの技術力も要求される。ノウハウの蓄積に加えて、新しい製品への対応力がないと実現できない難事業だ。「最新の機械が

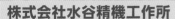

あればすぐにできるというわけではありません。長年の技術の蓄積がないと難しい仕事です」

2022年4月、「DX事業部」を創設
祖父、父から受け継いだ、人の思いつかない事をやる姿勢

1989年には、コンピュータで設計や製図を行える「CAD」（キャド）を導入。当時すでに社員1人にパソコン（PC）1台という体制を整えていた。PCをオンラインでつなぎ、プリンターやハードディスクを共有していたという。「良いものは積極的に採り入れる」という価値観が浸透していた。規模や資金力ではかなわない大企業と差別化し、住み分けるにはどうすればいいのか？長年の経験から、他社がやらないニッチな得意分野の深掘りが必要だと感じ取っていたのかもしれない。

こうした積極的な姿勢は3代目になった今でも受け継がれている。2017年、知り合いの会社の紹介が縁で本格的にVRに取り組む事となる。自社のノウハウを活用できないか試行錯誤を続け、2021年12月には見事、製品化にこぎ着けた。名称は「バーチャルマイスター」。「製作しない試作」と呼んでいるが、これは3D（3次元）のCADデータを立体的な画像に変換するシステムだ。従来の設計製作では、図面から3次元の試作品を作る必要があった。このシステムを使えば実際に製作する前にVRにより立体的に試作品をチェックすることが可能になる。試作前に検証できることで試作を減らすことが可能となり、手間とコストを削減できる訳だ。

このシステムを採用する顧客も増え始めている。工場を運営するある企業。当初、3Dプリンター

で試作品を製作するつもりだったが、「バーチャルマイスター」の導入でそれが不要となった。コストダウンが図れるというメリットが購入につながった。現在では、このVRシステムは机上のデスクトップ型をはじめ、4面のプロジェクション（投影映像）型、360度の全方位から裸眼で見る事の出来るバーチャルピラミッド型へとバリエーションも増え、着実に進化している。

2022年4月には同ビジネスを事業部化し、「DX事業部」を立ち上げた。「DXマイスター」という商標も登録した。現在は「マシンマイスター」の商標も出願中だ。今までなかった新しい試みである。「人の思いつかない事をやるという姿勢は親から受け継いでいる気質でしょう。小回りの利く中小企業ならではの機動性で、いざやるとなったらスピードが速い。大企業ではなかなかできない事も、すぐに決断し実行に移せる利点があります」

使い方次第で可能性が広がるシステム「リモートマイスター」
ハンズフリーで身軽に作業ができる点は大きなメリット

「バーチャルマイスター」と並行して開発を進め、2020年9月に実用化したのが「リモートマイスター」だ。VR（仮想現実）とは違って、高解像度のスマートグラス（眼鏡）を装着し、実際に見ている映像を遠方にいる人とリアルタイムで共有するというビデオ会議システム。スマートグラスには、カメラの解像度1280万画素という高解像度のハイエンドモデルを採用した。

スマートグラスを装着した送り手側は、ハンズフリー（両手が自由な状態）で安全に作業、行動

株式会社水谷精機工作所

することができる。また映像の受け手側は、より現実に近い高精度で臨場感のある画像を見ることができる。既存の各種会議アプリよりも高画質でライブ通話できるのが特長である。

このシステムは単にビデオ会議にとどまらず、部品の加工作業などを遠隔から管理、指導するという技術指導などにも活用されている。また高画質なため加工品の表面検査も現地に行かず実施できる。工具や部材が集積する工場の現場では、広い場所をとる装備が邪魔になる上、事故につながる可能性が高くなる。ハンズフリーで身軽に作業ができる点は大きなメリットである。

遠隔で高画質という特長を活かし、人と情報交換ができる「リモートマイスター」。三密を避ける必要が生じたコロナ禍では、そのニーズは殊更大きかったのではないか？実は、開発はコロナ禍前から始まっており、たまたま実用化のタイミングが重なっただけなのだという。しかし、ファッションデザイナーの桂由美氏が、コロナ禍で来日できなくなった海外の顧客を対象にこのシステムを使い、東京のショールームから新作ドレスを発信するなど、時代の変化に則した活用が実現している。使い方次第でその可能性が大きく拡大するという、伸び代のあるシステムである。

また、完成した機械の立会検査にも使用でき、海外や国内各地からの往復の費用を削減することもできる。タイの現地と日本をつないだケースでは、「とても見やすいし使いやすい」との好結果を得た。

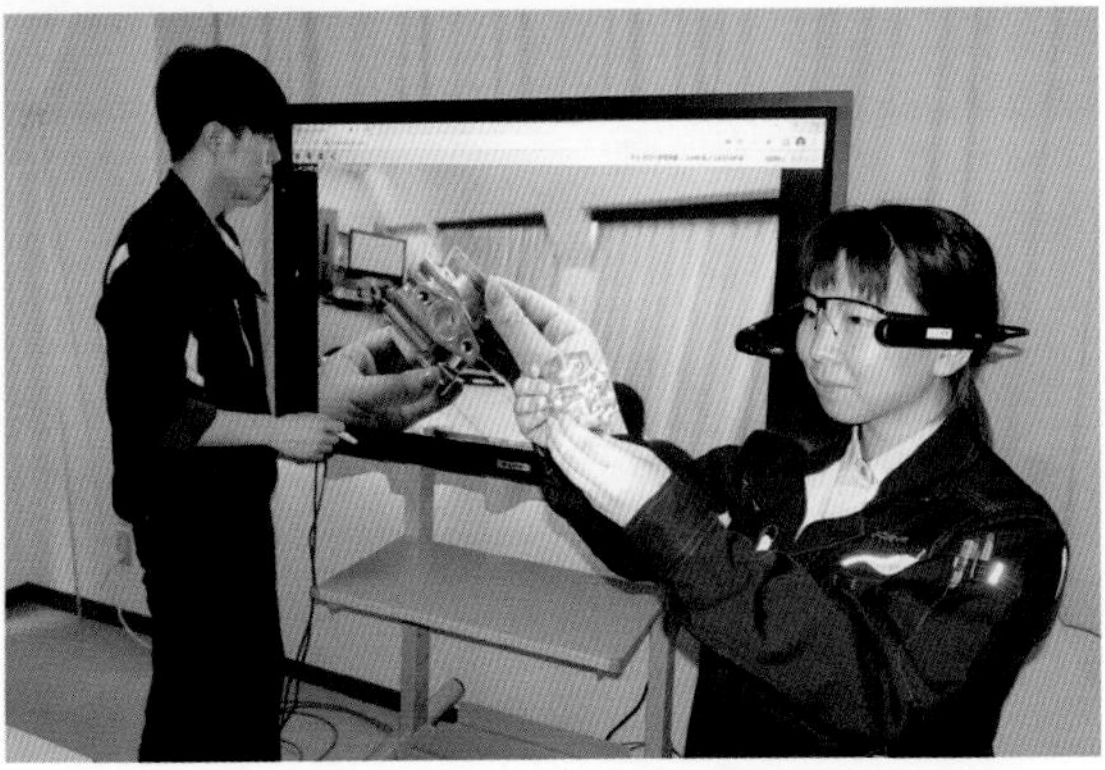

スマートグラスを使用した遠隔ビデオ会議システム
「リモートマイスター」

現地の臨場感を体験することができる「デジタルツイン」

生産現場における作業効率の向上にも活用。さらに国内最大規模の「バーチャル商店街」が完成

もう1つ、同社が力を入れているのが「デジタルツイン」を活用したバーチャル工場見学サービスだ。専用の360度全方位カメラを使用し、工場や建物などを立体的に画像に取り込む技術である。画面上で工場や商店街などの映像を立体的に映し、あたかも現地を歩いているかのような臨場感を体験することができる。こうした技術を活用したサービスで有名なケースはグーグルのストリートビュー。しかし同社の「デジタルツイン」はより解像度が高く、細部を鮮明に見ることができる。4Kで再生できるため、質感や小さな文字も読み取れる。実際に採用されている事例では、小学生を対象にしたリモート工場見学。「デジタルツイン」で事前学習を行い、さらに教師が「リモートマイスター」を使って、オンラインで現地と教室を結ぶシステムである。

商店街の事例では、立ち並ぶ全ての店舗の外観と内観を取り込み、画面上でリアルな商店街を構築した。実際に現地に行くことなく、商店街を歩き回り、実在する店舗の店内を見て回ることができる。単なる情報発信にとどまらず、集客にもつながる可能性も含んでいる。新規客として期待のできる若い層へのアプローチも容易になるほか、オンラインで買い物をしてもらうことも可能だ。全長270m、44店舗の「バーチャル商店街」が完成したことで、NHKニュースで取り上げられるなどこちらも注目を集めている。

BtoBにおいては、現地の工場へ赴く人数を削減できるなど、コストダウンにもつながるメリッ

トをアピールできる。リモートによる工場見学をきっかけにして、同社の既存ビジネスにおいて新規の顧客を開拓する一手段としてフル活用する計画だ。

注目度が高いのは、工場のデジタル化。高い精度でＶＲ化できるため、工場視察以外にも生産ラインの配置換えや工程の変更など、生産現場における作業効率の向上にも役立てることができる。こうした生産ラインの改編は思いのほか時間と手間がかかり、コストも馬鹿にならない。コストダウンを模索する企業にはうってつけのシステムだ。その手間と経費削減のために「デジタルツイン」を活用する訳である。

このシステムでは、デジタルホワイトボードとの組み合わせで、画像の上に手書きすることが可能で、バーチャル工場視察の際に出された指示や改善点を逐一デジタルで保存することができる。ミスも減らせるほか、再度確認する際の効率も高まるなど、そのメリットは少なくない。工場の風景を３ＤＣＡＤデータに変換し、工場の物流のシミュレーション動画作成や設備の適材適所な配置を検証することも事業化しており、「工場運営の効率化、コストダウンをお手伝いする」という新しい切り口の提案ができるようになった。「ものづくりから生まれたＤＸをみなさんに使ってもらいたいという想いがある。ＤＸを通じて懇意になった顧客に対し、メイン事業であるものづくりの営業もさせて頂ければと考えています」

自社の強みを支えているバラエティ豊かな人材
ものづくりの伝統と時代に適応した新事業を両立

令和５年度新人研修
（水谷茂樹顧問の講話）

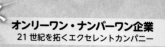

勤続60年以上という
熟練の職人も現役で活躍している
（背景は昭和14年創業時の
自社製品「ベルト掛け旋盤MS1号」）

高い技術を持つ熟練の職人、時代の変化に合わせた柔軟な思考、蓄積されてきたノウハウ――こうした自社の強みを最大限活かすために必要なのは人材だと水谷社長は考えている。技術の継承はもちろんのこと、外部に優秀な人材を求め、新たにＤＸ事業部を立ち上げたのもその一環と言える。

ＶＲなどデジタル技術に積極的に取り組んでいる波及効果だろうか、最近は大学生など若い人材が集まってくるようになった。「2年間で大卒12名、高専卒1名が入社しましたが、うち7名は現場でものづくりに携わっています」と水谷社長。人不足と言われる昨今だが、前向きで将来有望な若い人材が育ち始めている。

老練なベテラン社員と、やる気に満ちた新人が同じ現場で働いている。途中入社の社員も新規分野を支えている。伝統のものづくりの良いところを継承しつつ、時代に適応した新しい事業も育てていく。こうした両面の経営が同社の柔軟性、先進性を支えているようだ。

President Profile

水谷　康朗（みずたに・やすあき）

昭和 34 年生まれ。
平成 14 年、社長就任。

Corporate Information

マシンマイスター
DXマイスター
MSミズタニセイキ
株式会社水谷精機工作所

所在地

〒511-0002　三重県桑名市福島 750
TEL 0594-22-0337

設　立	資本金
昭和 14 年	1,200 万円
従業員数	**業務内容**
50 名 （令和 5 年 4 月現在）	機械設備設計製作 精密機械加工 DX サービス開発・販売

DX サービス一覧

- バーチャルマイスター
  （製作しない試作）
- リモートマイスター
  （高画質遠隔支援システム）
- デジタルツイン
  （バーチャル工場・バーチャル商店街）
- リモート社会見学
- TA マイスター
  （工場画像の長期保存による品質保証）
- 工場の見える化サービス
- 3D シミュレーション動画製作
- コミュニケーション DX
  （デジタルホワイトボードの販売、活用支援）
- 3DCAD の販売、活用支援

公式サイト　YouTube

http://www.mizutani-seiki.com/

都内で絶大な人気を誇る極小ワンルームアパート「QUQURI（ククリ）」を運営

不動産オーナー・入居者双方に喜びと満足を提供

株式会社 SPILYTUS

代表取締役　**仲摩　恵佑**

事業が社会に良い影響を及ぼしているか。お客様、弊社社員など、関わる人が幸せになっているか。今はこういった部分を大切にしています

入居率99％を維持する人気の秘訣
『コンパクトで機能的』、『意外と広くて快適』といった入居者の生の声

「銀行にお金を預けておくよりも、運用して増やしたい…」。このような考えから資産運用に興味をもつ人が今非常に増えている。

様々な資産運用の手段がある中で人気を集めているのが不動産経営。マンションやアパートなどを購入し、主に家賃収入で資産を増やす方法だ。

不動産経営が成功するか否かのポイントはいくつかあるが、最大の焦点は「入居率」。購入した不動産に人が住まなければ当然家賃収入が入ってこなくなる。不動産での運用を検討する者は、いかにして入居率の高い不動産を手に入れるかを念頭に置き、物件の購入を決断する。

こうした中で、東京都心に入居率が常に１００％と、絶大な人気を誇るコンセプトアパートがある。それが「ＱＵＱＵＲＩ（ククリ）」だ。都内に１００棟展開しており、入居率が99％を超えている。オーナー、そして入居者双方に喜びや満足を提供する唯一無二の存在となっている。この、人気のアパートをプロデュースしているのが、株式会社スピリタスだ。「自分が良いと思ったことを突き詰めた結果、辿り着いたのがククリでした」

こう話すのは、同社の代表取締役である仲摩恵佑氏。多忙な合間を縫って、自身の経歴やククリの特徴、今後に向けての展望など、貴重なお話を伺った。

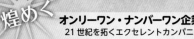

「QUQURI（ククリ）」は、ギリシャ語で繭（まゆ）を意味する。「夢や目標をもって東京に住まう人が、自分を磨いて成長し、羽ばたいていく場になればと、このように名付けました」

大きな特徴は部屋面積。平均的なワンルームタイプの部屋面積はおよそ20㎡だが、ククリはわずか9㎡しかない。このような狭い部屋になぜ入居希望者が殺到するのか。「面積が少ない一方で、天井をかなり高く設定していて、できた空間に寝床や物置などに使えるロフトが置けるつくりになっています」

そして面積が少ないことにより、「相場よりも2万円～3万円程家賃を低く設定できる」と、家賃の安さに繋げている。「あとは立地ですね。ククリは恵比寿や中目黒、新宿など全て人気の場所にあり、駅も徒歩10分圏内と生活に便利な立地に建てられています」

空間の有効活用・低家賃・好立地。これらが人気の秘訣となっている。20～30代の学生、社会人がコア入居者で、『コンパクトで機能的』、『意外と広くて快適』、『勉強・仕事に集中できる』など、HPには実際の入居者の生の声が多数寄せられている。

このように、評価が概ね好評なのは、緻密に計算し尽くされた間取りと、その間取りに合わせて建物の設計を行っている点。

そして実際にスタッフがククリに住んでブラッシュアップを行っている点。こうしてとことんまで入居者目線に立って一つひとつの建物を生み出しているからこそ、どこも満足度が高く、満室となっているわけだ。

「私自身が引越し魔で、これまで色んな間取りを見てきた経験が今大いに活かされています。今後もさらに住む方に喜んで頂けるような質の向上に取り組んでいければと考えています」

オーナーにとってもメリットの多いククリ
資産形成に加え、相続税対策にも最適

入居者にとって色んなメリットがあるククリ。一方でオーナーにとってももちろん様々なメリットがある。「入居率の高さによる安定した収入確保がまず第一。加えて利回りの良さもククリの特徴です。家賃は面積が小さくなればなるほど、面積あたりの単価が高くなるという性質がある中で、ククリは通常のワンルームと比較すると、平米単価が2倍近くになり、総戸数も単純に2倍になりますので、収益性が高くなるというわけです」

さらに、部屋面積が小さいことによるメリットは、「収益性だけではありません」という。「アパートを所有すると、入退去のタイミングでクリーニング代、クロスの貼替えなどの費用が発生しますが、部屋が小さいと当然この時の費用も安く抑えることができます」

こう話す仲摩代表は、こうした建物の特徴から得られるメリットに加え、立地によって得られるメリットも最大化させるべく、場所の見極め・選定も緻密に行っている。「まず単身世帯の増加率がずば抜けている東京23区内というのは大

都内に100棟あるククリは
全て好立地な場所にある

前提です。その上で23区内であればどこでも良いということではありません。弊社では土地を仕入れる前段階から、近隣の物件数、築年数、構造、入居率、家賃設定、家賃下落率、人口推移、最寄り駅の乗降客数の推移、地価変動率などあらゆる側面から徹底的に調査を行い、将来的な売却も考慮して、『住宅地として人気のあるエリア』、『将来的にも成長が期待できるエリア』を見極めます。売却時のキャピタルゲインもオーナー様にとってもちろん重要な要素ですから」

現在ククリのオーナーとなっているのは、30～50代の経営者、会社役員、医師、上場企業勤務の会社員が多い。「現状は資産形成メインのお客様ですが、今後は相続税対策も視野に入れた方々へのご提案も積極的にさせて頂きたい」と仲摩代表。「今不動産の価格が色んな要因から上がっている一方、不動産の相続税の評価額はほとんど変わりません。例えば売買価格が2億円の物件も、相続税評価額だと3分の1程度ですので、資産を現金から不動産に置き換えることで相続税が軽減されます。こうした対策を視野に入れたククリの運用が、今後弊社が力を入れていくべき方向になります」

ククリの生みの親である仲摩代表の歩み トライ&エラーを繰り返してククリが誕生

独自の特徴を備え、オーナー・入居者から人気を得るククリだが、ここ数年はメディアからの取材依頼も多く、新たなビジネスモデル、そして一つの文化として定着しつつある。仲摩代表はどのようにして、「ククリ」という社会ニーズを捉えた斬新なビジネスモデルを生み出すに至ったのか。

株式会社 SPILYTUS

１９８７年生まれ。36歳の仲摩代表は大分県出身。21歳で初めて不動産業界に飛び込んだ。「福岡県にある不動産会社に就職しました。一部上場を目指す若く勢いのある会社で、入社まもない時期から色んな経験をさせて頂きました」

毎日、朝早くから夜遅くまで休みなく働き、名古屋支店と東京支店の立ち上げに携わった。「全くのゼロから事業を軌道に乗せる仕事は非常にやりがいのあるものでした」

天井が高く解放感のある空間が特徴

順調にキャリアを築いていた仲摩代表だったが、次第に独立願望を募らせていく。「入社後暫くして起こったリーマンショックの影響で、銀行は貸し渋り、物件価格の下落が起こりました。そんな中、一部の金融機関は高金利で融資をしていたため、その金融機関に投資家様が集中し、結果、多くの投資家様が高い金利で物件を購入しました。『金利が高いため、残債が減らず売却することもできず、債務超過（残債と評価額のバランス）のため、借換して金利を引き下げることも、新たに物件を買い増すこともできない』と身動きが取れないような状況に陥っている方が沢山いらっしゃいました」

こうして困っている人を何とか救えないかと、自ら事業を立ち上げることを決意。２０１２年に株式会社スピリタスを設立した。

創業時は仲摩代表を含めた5人でスタート。当初物件の調査サービスを事業として行い、依頼の増加とともに、クライアントからの信頼も得られるようになっていった。「その後物件の企画・販売も手掛けるようになりました」

手掛ける物件のコンセプトは、〝できる限り社会情勢に左右されずに常に売買できる流動性の高い物件〟。

「最終的に辿り着いたのがククリでしたが、それまでに、25㎡程のワンルームタイプの物件や100段の階段の上に建てられたような建築難易度の高い物件、高層のRCマンションを手掛けました。ですが、どこかに課題が出てきて、これではいけないと。目指したのは銀行が融資してくれるような物件で、東京23区で収益性が高く、購入頂くお客様も年収の高い人を想定しました。これらを考慮して生み出されたのが極小ワンルームのククリでした」

加速度的な成長の中で直面した逆風
逆風を経て行った180度のマインドチェンジ

2014年から展開を開始したククリはすぐに世の中に受け入れられた。年々棟数を増やし、2018年以降はメディアへの露出も増えるなどし、事業は加速度的に成長していった。そんな、成長著しい同社に、逆風が吹いたのは2020年。それが、コロナの流行だった。

「2020年は創業以来初めての試練となりました」と振り返る仲摩代表。一方で、「この時期が会社にとって大きなターニングポイントになりました」とも。

「コロナが流行する以前までの私は、第一にお客様のこと、第二に会社の成長を考えていましたが、従業員や家族の幸せという部分については全くといっていいほど考えていませんでした。むしろ、お客様のため、会社の成長のために従業員がいるとさえ考えていました。従業員についても、完全に実力を重視した採用で、人間性は考慮していませんでした」

そんな仲摩代表は、コロナ禍を経て、「会社の存在意義や経営者としての考え方、人としてのあり方などを見直すべきだと。私の中で価値観や考え方が180度変わりました」という。

「まず求めたのが、会社経営の軸（拠り所となる考え方）でした。渋沢栄一氏は論語を軸として会社を経営しました。いわば利益の追求と道徳観に基づいた人間的成長の追求を両立させた経営スタイルです。私は仏法を軸として経営していこうと考えています」

2020年からスピリタスは第二創業期へ 事業を通して〝利他の精神〟を持った人づくりを

「例えば展開している事業が社会全体に良い影響を及ぼしているか。お客様はもちろん、弊社社員は皆幸せか。関わる人が幸せになっているか。今はこういった部分を大切にしています」

また採用・人材育成に関して仲摩代表は、「ただ単に実力・能力があればOKという考え方は捨てようと。もちろん人間性が良いだけでもダメで、能力と人間性の両方が備わっているのが理想です。この2つを伸ばせる社内教育的な取り組みも今後できればと考えています」と話

『意外と広くて快適』と入居者からも好評を得る

す。

「2020年がスピリタスの第二創業期」と話す仲摩代表は、株式会社スピリタスを新たなステージへ導くため、今もまだ、「変革の真っ只中」だという。「会社の考え方の軸となる理念をもっと明確にして、社内に浸透させていくことが当面の課題です。一方で事業的にはククリの展開とともに、新たな分野にも臆せず挑戦していきたい」と前を見据える。

今、既にモノづくり企業に対する経営支援コンサルタントやホテル事業への進出などを構想中だという。

24歳という若さで起業し、時代を読み切る力や独自の発想・実行力を発揮して、社会にククリという新たな価値を創造。そして今、過去の実績にすがることなく、社会貢献を意識した新たな展開を模索する。

「人は2種類いて、〝社会を自分が有利になるために利用する〟という考えの人と〝社会をより良くするために自分を捧げる〟という考えの人です。理想はもちろん後者ばかりの、いわば〝利他の精神〟をもった人々が集まった社会です。私も事業を通して、そうした社会づくりに少しでも貢献していきたい」

新時代の経営者が、日本の明るい未来を切り開いていく。

President Profile

仲摩　恵佑（なかま・けいすけ）

昭和 62 年生まれ。大分県出身。
福岡の不動産会社勤務を経て、平成 24 年に株式会社スピリタスを設立。
平成 26 年に都内向けの極小ワンルームアパート「QUQURI（ククリ）」を生み出す。
取材依頼も殺到するほどの大ヒットとなる。

Corporate Information

株式会社 SPILYTUS

所在地

〒 107-6012　東京都港区赤坂 1-12-32　アーク森ビル 12F
TEL 03-6402-3704　FAX 03-6402-3705

設　立

平成 24 年 1 月

資本金	従業員数
2,000 万円	15 名

業務内容

投資賃貸アパート「QUQURI（ククリ）」の企画・設計・管理

オーナー様へメッセージ

成功するアパート経営 5 つの鍵
ロケーション
金利を具体的に考える
空室を作らない
賃貸管理
リスクヘッジを考える

https://spilytus.co.jp/

《掲載企業一覧》

アーカス・ジャパン株式会社

https://www.arcuss-japan.com/

代表取締役　**松原 晋啓**

〒532-0011　大阪市淀川区西中島 5-9-6　新大阪サンアールビル本館 3F
TEL 06-6195-7501　FAX 06-6195-7502

株式会社 WELLNEST HOME

https://wellnesthome.jp/

社長室兼広報　**芝山 セイラ**

〒480-1153　愛知県長久手市作田 2-1101
TEL 0120-146-991

株式会社タケウチ建設

https://www.takeuchi-const.co.jp/

代表取締役　**竹内 謹治**

〒723-0015　〈本社〉広島県三原市円一町 4-2-14
TEL 0848-60-1331　FAX 0848-62-6973

〒110-0005　〈関東営業所〉東京都台東区上野 5-6-10　HF上野ビルディング 10F
TEL 03-5817-8303　FAX 03-5817-8304

ヤマダインフラテクノス株式会社

https://eco-yamadapeint.co.jp/

代表取締役　**山田 博文**　専務取締役　**山田 翔平**

〒476-0002　〈本　社〉愛知県東海市名和町二番割中 5-1
TEL 052-604-1017　FAX 052-604-6732

〈支　店〉東北・関東・北陸・浜松・静岡・名古屋・三重・関西

株式会社富士製作所

https://www.fuji-bearing.com/

代表取締役社長　**村上 吉秀**

〒530-0041　**〈本社〉** 大阪市北区天神橋 2-3-8　MF 南森町ビル 11F
TEL 06-6948-6411（代）

〒518-1403　**〈工場〉** 三重県伊賀市炊村 3108（大山田工業団地内）
TEL 0595-46-2211（代）　**FAX** 0595-46-0101

日発株式会社

https://www.hihatu.com

代表取締役社長　**大田 明寛**

〒167-0051　**〈本社〉** 東京都杉並区荻窪 5-26-13　Daiwa 荻窪ビル 7F
TEL 03-5941-9855　**FAX** 03-5941-9856

〒167-0052　**〈開発センター〉** 東京都杉並区南荻窪 4-29-10　田丸ビル 3F

〒167-0052　**〈HIHATUSOFT 株式会社〉〈日発教育センター株式会社〉**
東京都杉並区南荻窪 4-29-10　田丸ビル 3F
TEL **FAX** 03-6874-9764

〒361-004　**〈可用（厦門）網絡科技有限公司〉**
（中国）厦门市思明区前埔南区文兴东一里 21 号 305 室

〈社　宅〉
・日発貫井南町ビル（2DK×4 戸）、日発貫井南町コーポ（1K×6 戸、1DK×2 戸）、日発貫井南町ハウス（7LDDK×1 戸）
〒184-0014 東京都小金井市貫井南町 3 丁目 17 番 23 号
・日発東中神ビル（2DK×7 戸）
〒196-0034　東京都昭島市玉川町 3 丁目 10 番 1 号

株式会社ラシク

https://www.lacique.com

代表取締役　**黒野 正和**

〒604-8221　京都市中京区錦小路通室町西入天神山町 280 番地
石勘ビル 5F 26 号室
TEL 075-254-7667

三共食品株式会社

https://sankyofoods.co.jp

代表取締役　**中村 俊之**

〒441-3301　愛知県豊橋市老津町字後田 25-1
TEL 0532-23-2361　FAX 0532-23-2370

BoCo 株式会社

https://boco.co.jp/

代表取締役社長　**謝 端明**

〒104-0028　**〈本社〉**東京都中央区八重洲 2-11-7　一新ビル 6F
TEL 03-6225-2079　FAX 03-6225-2069

〒144-0044　**〈東京工場〉**
東京都大田区本羽田 2-12-1　テクノ WING308 号室
TEL 03-6423-9015

〒104-0061　**〈boco STORE Ginza〉**
東京都中央区銀座 6-12-13　大東銀座ビル 1F
TEL 03-5537-3308

〒144-0041　**〈boco STORE 羽田エアポートガーデン〉**
東京都大田区羽田空港 2-7-1　区画番号：210
TEL 03-5579-7103

東信工業株式会社

https://t-kk.jp/ja/

代表取締役　**山口 裕央**

〒120-0012　東京都足立区青井 3-12-10
TEL 03-3849-5357　FAX 03-3849-7957

株式会社横引シャッター

https://www.yokobiki-shutter.co.jp/

代表取締役　**市川 慎次郎**

〒120-0005　東京都足立区綾瀬 6-31-5
TEL 03-3628-4500　FAX 03-3628-1188

株式会社リガード

https://tokyo-chumon.com/

代表取締役　**内藤 智明**

〒185-0011　東京都国分寺市本多 5 丁目 26-40
TEL 042-320-4422

小杉造園株式会社

https://kosugi-zohen.co.jp/

代表取締役　**小杉 左岐**

〈本　　社〉 東京都世田谷区北沢 1-7-5
TEL 03-3467-0525

〈町田営業所〉 東京都町田市森野 2-24-3
TEL 042-709-5770

〈千葉営業所〉 千葉県市川市新田 5-8-26
TEL 047-711-1576

〈熱海研修所〉 静岡県熱海市伊豆山 459-1
TEL 0557-88-7702

株式会社アキテム

https://www.akitem.co.jp

代表取締役社長 **鯉渕 健太郎**

〒153-0043 **〈本社〉** 東京都目黒区東山 1-1-2　東山ビル

TEL 03-3760-7701　**FAX** 03-3760-7709

〒101-0041 **〈秋葉原オフィス〉** 東京都千代田区神田須田町 2 丁目 23-1
天翔秋葉原万世ビル 705 号室

TEL 03-5256-1545

株式会社水甚

https://mizujin.co.jp/

代表取締役社長 **中村 好成**

〒501-6123 **〈本社〉** 岐阜県岐阜市柳津町流通センター 1-15-3

TEL 058-279-3045　**FAX** 058-279-2173

〒103-0004 **〈東京営業所〉** 東京都中央区東日本橋 2-7-1
FRONTIER 東日本橋ビル 8F

TEL 03-3862-3611　**FAX** 03-3862-3613

株式会社協和製作所

https://www.kyowa-mfg.co.jp/

代表取締役社長　**藤本 繁行**

〒675-2364　**〈本社・産業機器事業部工場〉** 兵庫県加西市窪田町 570-10
TEL 0790-42-5111（代表）　FAX 0790-42-0700

〈産業機器事業部〉
TEL 0790-42-0601　FAX 0790-42-4895

〒675-2303　**汎用事業部工場〈古坂工場〉** 兵庫県加西市北条町古坂 69-1
TEL 0790-42-5110　FAX 0790-42-5741

〒675-2445　**汎用事業部工場〈和泉工場〉** 兵庫県加西市殿原町 860
TEL 0790-44-0284　FAX 0790-44-2251

株式会社アモス

https://www.amosu.co.jp/

代表取締役社長　**神尾 太資**

〒444-0806　愛知県岡崎市緑丘 3-1-19
TEL 0564-57-2633　FAX 0564-57-2634

株式会社エメトレ

https://emetore.jp

代表取締役社長　**千明 哲治**

〒100-0004　東京都千代田区大手町 1-5-1
大手町ファーストスクエア イーストタワー 4 階
〈SENOBIRU ブランド〉 https://senobiru.com
〈ちあきファーム〉 https://chiakifarm.com
TEL 0120-37-9981

株式会社エコー

https://www.ecoh.co.jp/

代表取締役社長　**柴木 秀之**

〒110-0014　東京都台東区北上野 2-6-4　上野竹内ビル
TEL 03-5828-2181

株式会社冨田屋

https://tondaya.co.jp/

代表取締役社長　**田中 峰子**

〒602-8226　京都市上京区石薬師町 697
TEL 075-432-6701　FAX 075-432-6702

合同会社オフィスＴＡＲＵ

https://office-taru.co.jp

代表社員　**上水樽 文明**

〒104-0061　東京都中央区銀座 7-13-6　サガミビル 2F
TEL 03-6869-3235　FAX 03-6869-3236

ミズタニセイキ　株式会社水谷精機工作所

http://www.mizutani-seiki.com/

代表取締役　**水谷 康朗**

〒511-0002　三重県桑名市福島 750
TEL 0594-22-0337

株式会社 SPILYTUS

https://spilytus.co.jp/

代表取締役　**仲摩 恵佑**

〒107-6012　東京都港区赤坂 1-12-32　アーク森ビル 12F
TEL 03-6402-3704　**FAX** 03-6402-3705

おわりに

昨年2022年、世界経済は歴史的な高インフレに直面しました。世界的なエネルギー価格は上昇し、ウクライナ危機による小麦の価格上昇など、食糧価格の高騰により世界経済は減速しています。先行きはこの減速を回避し、インフレ抑制と成長を両立できる可能性が高まっています。日本でも原油を筆頭に資源が不足し、多くの食品や製品の物価が上昇し、我々の生活は苦しい状況です。また、日本経済の主軸となっている自動車産業、機械産業は部品不足により生産が縮小しています。

加えて、環境保全も喫緊の問題です。「持続可能な社会の実現」に向けて、サスティナブルな製品、サービス、そして新エネルギーが台頭しています。そういった環境分野における新事業が多く生まれている一方、未だ石油への依存は大きく、天然ガスといった資源不足と相まって、日本の産業に影を落としています。

このような状況下で、岸田政権により「成長と分配の好循環の実現」に向けて課題に取り組み、成長に必要なイノベーションの環境の整備が急がれています。日本では、個人事業主を含む中小企業数が全企業数の9割を占め、日本経済を支えており、この土台の生産性の向上、そして土台強化が重要といえるでしょう。また、イノベーションを起こす人材育成の環境を整えなければ、産業は衰退していく一方です。

日本の経済成長率は、コロナ禍から緩やかに持ち直し傾向にあります。テーマパークでは3年ぶりにコロナ前と同じようにパレードが行われるなど、様々なイベントが復活しコロナ前の賑わいを感じられるようになりました。

企業の生産性の向上、そして新しい価値の創造が求められています。今後企業が生き残るためには、他社にはない強みやオリジナル性が求められるようになっているともいえます。

資源、外交、環境問題、そして病や災害等多くの問題が取り巻く現在、企業力が試されているのです。

私たちはこれまで、個性的で独創的なビジネスモデルを立ち上げ、独創的な製品、技術で活躍している活力あふれる企業を収録した「煌めくオンリーワン・ナンバーワン企業」をシリーズ出版して参りました。今回新たに第8弾として、「煌めくオンリーワン・ナンバーワン企業2023年増補版21世紀を拓くエクセレントカンパニー」が上梓の運びとなりました。

今回収録させていただいた企業の皆様は、コロナ禍にも屈せず、培った経験と絶え間ない自己研鑽により、確たる地位を築かれています。

パナソニックの創業者である経営の神様と言われた松下幸之助氏の「企業は人なり」という言葉がありますが、我々はこの言葉を「企業は人の成長によって成り立っている」と解釈しております。牽引する真のリーダーシップ、従業員が力を発揮できる働きやすい環境、そして優秀な人材の育成環境こそが組織力となっているでしょう。

経営者の皆様のこれまでの歩みは決して平坦なものではありません。苦難や挫折を乗り越え、新境地を拓き続けています。本書が日本経済を支える経営者、新たなビジネスモデルに挑戦する実業家、社会に羽ばたく学生、そして未来の日本経済を支える子どもたちにとって、些かでも力になれば望外の喜びです。

令和五年七月

株式会社　産　經　ア　ド　ス
産經新聞生活情報センター

「煌めくオンリーワン・ナンバーワン企業 2023年増補版」
—— 21世紀を拓くエクセレントカンパニー ——

発行日	令和5年7月31日 初版第一刷発行
編著・発行	株式会社ぎょうけい新聞社 〒531-0071 大阪市北区中津1丁目11-8 中津旭ビル3F Tel. 06-4802-1080 Fax. 06-4802-1082
企　画	株式会社産經アドス 産經新聞生活情報センター
発　売	図書出版 浪速社 〒637-0006 奈良県五條市岡口1丁目9-58 Tel. 090-5643-8940 Fax. 0747-23-0621
印刷・製本	株式会社 ディーネット

ISBN978-4-88854-557-0